Julia Brodauf

Romantisches Berlin

Verträumte Orte & lauschige Ecken

via reise

Inhalt

Vorwort
Willkommen im romantischen Berlin | 5

1 **Admiralbrücke & Urbanhafen**
Auszeit im Schatten des Urban | 6

2 **Alt-Lübars**
Ein verträumtes Dörfchen erkunden | 8

3 **Badeschiff**
Schwimmen mit Panoramablick | 10

4 **Belvedere Potsdam**
Das Schlösschen auf dem Pfingstberg | 12

5 **Böhmisches Dorf & Stadtbad**
Neukölln von seiner lauschigen Seite | 14

6 **Botanischer Garten Steglitz**
Ein Ausflug für die Sinne | 16

7 **Botanischer Volkspark Pankow**
Ein Gemüsegarten fürs Volk | 18

8 **Britzer Garten & Schloss Britz**
Futuristische Romantik | 20

9 **Bürgerpark Pankow**
Freiluft-Konzerte im Rosengarten | 22

10 **Dahlemer Museen**
Der Duft der großen, weiten Welt | 24

11 **Domäne Dahlem**
Wo die Zeit stillzustehen scheint | 26

12 **Englischer Garten**
Der Tiergarten, kultiviert | 28

13 **Falckensteinstraße**
Urban und multi-kulti | 30

14 **Fernsehturm**
Dinieren in luftiger Höhe | 32

15 **Freischwimmer, IPSE & Club der Visionäre**
Open Air direkt am Wasser | 34

16 **Gärten der Welt**
Weltreise an einem Tag | 36

17 **Gendarmenmarkt**
Das Herz der Friedrichstadt | 40

18 **Grunewaldturm & Havelstrand**
Ausflug entlang der Havelchaussee | 42

19 **Haus Schwarzenberg**
Liebenswerter Hinterhof | 46

20 **Heilandskirche Sacrow**
Blau geringelte Romantik | 48

21 **Helmholtzplatz**
Die Leichtigkeit des Seins zelebrieren | 50

22 **Kastanienallee & Prater Garten**
Das Herz des Prenzlauer Bergs | 52

23 **Kino International & Karl-Marx-Allee**
Besuch beim Zuckerbäcker | 56

24 **Klosterviertel & Ermelerhaus**
Zeitreise von der Gotik ins Rokoko | 58

25 **Köpenicker Altstadt, Fischerkietz & Schloss**
Hütten und Paläste entdecken | 62

26 **Kollwitzplatz**
Markttag in einer grünen Oase | 64

27 **Kulturbrauerei & Pfefferberg**
Brauen und Schauen | 66

28 **Liebermann-Villa am Wannsee**
Spaziergang durch ein Stillleben | 68

29 **Mariannenplatz**
Auf den Spuren der Hausbesetzer | 70

30 **Mauerpark**
Grenzenlose Vielfalt statt Grenze | 72

31 **Maybachufer & Kreuzkölln**
Wo das mediterrane Herz schlägt | 74

32 **Modersohnbrücke**
Sonnenuntergang auf Berliner Art | 76

33 **Müggelberge**
Brandenburg en miniature | 78

34 **Müggelsee**
Entspannen am Müggelsee | 80

35 **Museumsinsel**
Im Reich der Musen | 82

36 **Mutter Fourage**
Die Toskana am Wannsee | 86

37 **Nikolaiviertel**
Die Wiege der Hauptstadt | 88

38 **Park am Gleisdreieck**
Ein Ort der zwei Geschwindigkeiten | 90

39 **Paul-Lincke-Ufer**
Boule und Kaffee an der Promenade | 92

40 **Pfaueninsel**
Paradiesische Zustände | 94

41 **Rahnsdorf & Müggelspree**
Über die Brücken von Neu-Venedig | 96

42 **Regierungsviertel**
Romantik aus neuen Blickwinkeln | 98

43 **Schloss Friedrichsfelde**
Ein Palast zwischen wilden Tieren | 100

44 **Schloss & Park Charlottenburg**
Ein Ort der Stille und des Staunens | 102

45 **Schlosspark und Künstlerhof Buch**
Über 14 Brücken kannst du geh'n | 106

46 **Seddinsee**
Rudern auf dem stillen Waldsee | 108

47 **Sophienstraße & Auguststraße**
Kunstmeilen der Spandauer Vorstadt | 110

48 **Späthsches Arboretum**
Liebevoll beschilderte Artenvielfalt | 114

49 **Spreepark im Plänterwald**
Verlassen, verrostet, aber unvergessen | 116

50 **Strandbar Mitte & Monbijoupark**
Im Wiegeschritt durch den Abend | 118

51 **Tiergarten**
Eine Bootstour auf dem Neuen See | 120

52 **Treptower Park**
Hier winkt die ewige Jugend | 124

53 **ufaFabrik**
Wo die Utopie Wirklichkeit wurde | 126

54 **Viktoriapark & Bergmannstraße**
Höhepunkt Kreuzberg | 128

55 **Volkspark Friedrichshain**
Volksmärchen zum Anfassen | 130

56 **Volkspark Klein-Glienicke**
Wandeln in Arkadien | 132

57 **Weihnachtsmärkte, ganz besinnlich**
Wo im Advent eine Lichterkette brennt | 134

58 **Weißer See**
Schwimmen, sonnen, See umrunden | 136

59 **Wintergartenensemble**
Kaffeepause in einer grünen Oase | 138

60 **Zitadelle Spandau**
Die rote Festung auf der Havel | 140

Impressum | 142

Vorwort

Willkommen im romantischen Berlin

Paris nennt man die Stadt der Liebe, Berlin eine Single-Hochburg. Barcelona liegt am Mittelmeer, Berlin am Müggelsee. In Venedig gibt es singende Gondoliere und hier Busfahrer mit Berliner Schnauze – außerdem ist die Taubendichte wesentlich geringer als dort. Und trotzdem: Berlin kann sehr charmant sein, wenn es nur möchte. Dann legt es die raue Schale ab und lüftet den Hut. Und siehe da, es gibt viele schöne und schönste Orte, verstreut über das gesamte Stadtgebiet, die seine vielen, bunten Facetten spiegeln.

Romantik entsteht, wenn man, bevorzugt in entsprechender Begleitung, aus dem Alltäglichen einen Schritt heraustreten kann und deshalb sogar etwas näher bei sich selbst ist als sonst. Wenn man eine ruhige Ecke findet oder einen harmonischen Ausblick, oder wenn ein Stein oder ein Ort beredt vom Gewesenen in den vielen Jahrhunderten umtriebiges Berlin erzählt. Romantik, wo sie Stille, Heiterkeit und Pracht verströmt, hat Berlin eine Menge zu bieten. Auch solche, die, wie die Stadt selbst, manchmal rau, laut, zuweilen modisch ist. Kitschig jedoch ist Berlin praktisch nie.

Dieses Buch enthält eine ganze Reihe solcher lauschiger Orte und kann und will dabei eine subjektive Auswahl nicht verhehlen. Es ist die Einladung zu einer besonderen Sichtweise und verrät ein paar Geheimnisse. Aber natürlich nicht alle!

Julia Brodauf, Künstlerin und Autorin, schrieb bereits eine Reihe von Büchern über Berlin: über Spaziergänge, über Museen, über Kinder. Mag sein, dass das Thema des romantischen Blicks eine unterschwellige Verbindung zwischen ihnen darstellt. Dass die Autorin die Stadt in diesem Buch aus dem lauschigen Blickwinkel betrachtet, folgt der Anregung von via reise-Chef Klaus Scheddel, den seine Herzensdame Marion Koll auf die Idee brachte. Natalie Hanß wiederum, Redakteurin im via reise verlag, hat viel Herzblut in die Bearbeitung der aktuellen Ausgabe gesteckt. Dafür und für die wie stets freundliche Zusammenarbeit sei den beiden und dem gesamten Team des Verlags herzlich gedankt.

1 Admiralbrücke & Urbanhafen
Auszeit im Schatten des Urban

Die schöne Aussicht macht die Admiralbrücke gerade am Abend zu einem reizvollen Ziel. Dann lehnen zahlreiche Flaneure am Geländer, versunken in den Anblick einer roten Sonne, die hinter dem Urbanhafen versinkt. Auch der ist einen Besuch wert und verwandelt sich an lauen Abenden in eine idyllische Lagerstätte am gemächlich fließenden Wasser des Landwehrkanals.

Auf der Admiralbrücke ist immer was los: Hier sitzen Studenten auf Pollern und Geländern und warten auf den Sonnenuntergang, später gesellen sich Partygänger dazu, um von dort ins Nachtleben zu starten – oder die Party auf die Brücke zu holen und direkt dort zu bleiben. Im Hintergrund das geschäftige Treiben im Garten der Trattoria *Il Casolare*, für deren außergewöhnlich leckere Pizzen die Kreuzberger schon mal Schlange stehen. Ferner eine Eisdiele und ein Kiosk, in dem man sich mit Getränken eindecken kann, um danach wahlweise zur Brücke zurückzukehren oder sich, weiter westlich, ein Plätzchen am Urbanhafen zu suchen.

Die Tatsache, dass das Gelände um eine leicht verbreiterte Stelle im Landwehrkanal heute noch den Namen Urbanhafen trägt, erinnert an ein ehrgeiziges Bauprojekt, mit dem Ende des 19. Jahrhunderts die Spree entlastet werden sollte. Der Hafen entstand gegenüber der Einmündung des ehemaligen Luisenstädtischen Kanals, der den Landwehrkanal nach Norden über den Wassertorplatz, Oranienplatz und das Engelbecken mit der Spree verband. Das Ergebnis erwies sich jedoch als unpraktisch und wurde bald wieder zugeschüttet.

Damit verlor auch der Urbanhafen seine Bedeutung und wurde in den 1960er Jahren ebenfalls zurückgebaut. Auf der ehemaligen Ladeinsel steht heute der markante Hochhausbau des Urbankrankenhauses von Peter Poelzig. Zu seinen Füßen: einige staubige Wege, ein Streifen ungemähte Wiese, bunte Glühbirnen über Schiffsdecks gespannt, Picknickdecken, Menschen mit Büchern und Getränken, allein, zu zweit, zu dritt oder zu zehnt. Eine Gitarre. Ein Radio. Schwäne.

Zu beiden Seiten des Kanals sind Spazierwege angelegt, auf denen die Kreuzberger flanieren, es gibt Bänke und Grünstreifen am Ufer. Auf der Südseite lockt die Gastronomie. Dazu zähle man das Biergartenrestaurant *Brachvogel*, eine Brücke weiter westlich. Im Garten sitzt man unter weißen Sonnenschirmen und großen Bäumen. Der Tag beginnt hier mit einem Frühstück, das bis nachmittags erhältlich ist. Zum Lokal gehört eine sehenswerte Minigolfanlage: Hier hat ein Freund des Minimalismus die Hindernisse aus geometrischen Formen in Primärfarben zusammengeschweißt.

Direkt im Urbanhafen liegt das Restaurantschiff *Van Loon*, ein holländisches Segelschiff aus dem Jahr 1914. Von Deck aus lässt sich bei einem Eisbecher das träge Leben im Urbanhafen zu Wasser und Land beobachten oder einem vorbeiziehenden Ausflugsdampfer zuwinken.

Admiarlbrücke | U-Bahnhof Kottbusser Tor

Gartenlokale am Urbanhafen

Brachvogel | Carl-Herz-Ufer 34 | 10961 Berlin |
Tel. (0 30) 6 93 04 32 | Tgl. ab 9 Uhr bis open end

Restaurantschiff Van Loon | Carl-Herz-Ufer 5 |
Tel. (0 30) 6 92 62 93 | www.vanloon.de | Tgl. 9–1 Uhr

Oben: Nachts trubelig, tags idyllisch präsentiert sich die berühmte Admiralbrücke
Unten: Auf dem Terrassendeck der Van Loon hat man beim Schlemmen alles im Blick

Romantik-Punkte ❤ ♡ ♡

2 Alt-Lübars
Ein verträumtes Dörfchen erkunden

Lübars ist das älteste Dorf innerhalb der Stadtgrenzen Westberlins, gleichzeitig stand die Mauer nicht weit. Der Name bedeutet soviel wie „liebes Dorf", die erste Erwähnung fand es 1247.

In Lübars angekommen, scheint die Stadt wirklich weit weg zu sein. Die Dorfstruktur mit Dorfanger, barockem Kirchlein, Schulhaus und Dorfkrug ist bis heute erhalten. Die Dorfmitte ist Zentrum eines regen kulturellen Lebens in der Gemeinde. Der Ort liegt umgeben von Wiesen und Pferdeweiden nahe des Tegeler Fließes, das in großen Schleifen vom Höhenzug des Barnim bis zum Tegeler See durch die Feuchtwiesen fließt. Im Süden des Dorfes liegt der Freizeitpark Lübars mit Freizeit- und Spielmöglichkeiten.

Der Spaziergang zum Ortskern bleibt nicht unbemerkt: Ein Brauner dreht neugierig den Hals und spitzt die Ohren. Das Pferd blickt aus einem Fenster mit grünen Läden und auf den Reitplatz an der Ecke der Straße Alt-Lübars. Es gehört zu einem der vielen Pferdehöfe in und um den Ort: Im Zentrum von Lübars leben etwa doppelt so viele Pferde wie Menschen. Noch um die Kurve herum, und schon liegt der Dorfanger vor einem. Einige der Häuser, die den hufeisenförmigen Platz umstehen, stammen aus dem 19. Jahrhundert. Die Nummer 22 hat sogar auch noch das dazugehörige, typische Reetdach.

Das Gasthaus *Alter Dorfkrug* ragt zweistöckig und gelb getüncht rechts am Platz auf und blickt

Die gelbe Telefonzelle und der „Alte Dorfkrug" prägen die Dorfmitte

stolz auf mehr als 110 Jahre Betrieb zurück. Ihm angegliedert ist der „Labsaal“, ursprünglich der Tanzsaal des Dorfkruges und mit Deckenmalereien verziert. Hier werden regelmäßig Märkte, Tanzabende, Konzerte und Theater angeboten.

Der kopfsteingepflasterte Dorfanger umschließt ein barockes Kirchlein aus dem späten 18. Jahrhundert. Hinter der Kirche stehen das alte Schulhaus mit dazugehörigem Bauerngarten und das Feuerwehrhaus. Schräg gegenüber der alten Schule, in der Nummer 15, kann man Kräuter und Gemüse aus dem Anbau der *BWB – Behinderten-Werkstätten* vor Ort erwerben.

Verlässt man Dorfanger und Dorf in östlicher Richtung, so kann man von der von Bäumen und Feldern gesäumten Blankenfelder Chaussee entweder links in den Schildower Weg einbiegen und nach einem Kilometer das Naturschutzgebiet *Köppchensee* erreichen. Oder man hält sich rechts und geht über die Felder nach Süden, wo man ebenso schnell zum *Freizeitpark Lübars* gelangt.

Wendet man sich auf dem Dorfanger jedoch gen Westen, so kann man am Straßenknick zum Zabel-Krüger-Damm in der Landfleischerei ein leckeres Eisbein verspeisen, aber auch vorher schon rechts nach Norden abbiegen. Über die abschüssigen Wiesen erreicht man das Tegeler Fließ, eine eiszeitliche Abflussrinne, die idyllisch durch die Feuchtwiesen mäandert und mit schönen Wegen zu längeren oder kürzeren Spaziergängen einlädt.

Alt-Lübars | S-Bahnhof Waidmannslust, dann Bus 222

Weitere Tipps

BWB-Kräuterhof Lübars | Alt-Lübars 15 | Tel. (0 30) 39 09 60 | Mo–Do 10–15, Fr 10–12.30 Uhr, Juni–Okt. Do bis 17 Uhr

Alter Dorfkrug | Alt-Lübars 8 | 13469 Berlin | Tel. (0 30) 92 21 02 30 | www.gasthof-alter-dorfkrug.de | Mi–So 12–22 Uhr | Programm im Festsaal: www.labsaal.de

In Alt-Lübars leben doppelt so viele Pferde wie Einwohner

3 Badeschiff
Schwimmen mit Panoramablick

Ein wirklich außergewöhnlicher Ort zum Baden findet sich etwas versteckt am Spreeufer – was seiner Beliebtheit keinen Abbruch tut: das Badeschiff. Auf den hölzernen Stegen sonnt sich die Berliner Szene mit einem Cocktail in der Hand, des nachts finden Partys und Konzerte statt.

Anlage und Schwimmbecken, die sich im Winterhalbjahr in ein überdachtes Spa verwandeln, gehen auf ein Kunstprojekt der Künstlerin Susanne Lorenz zurück. Das Becken, 32 Meter lang und knapp 9 Meter breit, ist ein ehemaliger Lastkahn und schwimmt in der Spree. Das ergibt die einmalige Möglichkeit, in blaugekacheltem Chlorwasser Bahnen zu ziehen und trotzdem von der Spree aus den *Molecule Man*, die Insel der Jugend oder die Oberbaumbrücke zu sehen. Auf der dazugehörigen Bohlenkonstruktion und dem feinen, aufgeschütteten Sand tragen die Sonnenhungrigen ihre Tattoos zur Schau und wippen mit den Köpfen zu sanfter Elektromusik. Eine Bar versorgt mit Longdrinks und Lattes, den Hunger nach dem Bahnenziehen stillt ein Grill. Wen der herrliche Ausblick auf die ausgebauten Speichergebäude am gegenüberliegenden Ufer, wo sich die Medien- und Musikszene niedergelassen haben, noch nicht genug entspannt, dem kann geholfen werden: Auf einem Plateau werden auch Massagen angeboten. Ebenfalls erhöht thront die *Escobar* über dem Ganzen, auch von hier aus ergeben sich noch einmal gesteigerte Panoramen.

Auf den Stegen schaukeln sich die Gäste in Hängematten durch den Sommerabend

Kleine Balkone, die Umkleidekabinen, eine Kinderspielecke – alles ist hier liebevoll lapidar gestaltet, sodass ein Ausflug zum Badeschiff nichts mit dem herkömmlich lärmigen Freibadbesuch zu tun hat. Dafür ist es, wenn es voll ist, auch so richtig kuschelig eng. Anders als normale Schwimmbäder schließt das Badeschiff abends nicht seine Tore, sondern verwandelt sich nach Einbruch der Dunkelheit in ein Paradies für Nachtschwärmer: Die elektronischen Beats wabern durch die warme Nachtluft und das tagsüber so belebte Schwimmbad wird zur lauschigen Badestelle. Die Location gehört zur Arena, einer Konzerthalle in einem ehemaligen Omnibuskomplex. Rund um diesen Veranstaltungsort ist mit den Jahren eine vielteilige Event-Gastronomie entstanden.

Neben den Locations am Flutgraben (⇾ Seite 34) ist auch das Restaurant *White Trash* aus der Berliner Mitte hierher umgezogen. Die goldenen Löwen, die noch aus dem ursprünglichen China-Restaurant stammen und lange an der Schönhauser Allee standen, gewähren nun Zugang zu einem verwinkelten Gartengelände. Hier führen hölzerne Stege zu den Sitzgruppen, die intim hinter Büschen oder auf einem Plateau platziert sind. Die Küche: amerikanisch. Die Musik: dirty. Ausblick aufs Wasser: leider nein. Dafür ein integrierter Tattoo-Laden – falls man doch ins Badeschiff zurück möchte. Die Mauern des Areals bergen außerdem noch den Wochenend-Flohmarkt. Eine Fundgrube für Praktisches, aber auch Außergewöhnliches.

Badeschiff | im Arenagelände | Eichenstraße 4 | 12435 Berlin | Tel. (0 30) 5 33 20 30 | www.arena-berlin.de | U-Bahnhof Schlesisches Tor

In und um das Arena-Gelände

Treptower Hallentrödelmarkt | im Arenagelände | Sa/So 10–16 Uhr

White Trash | Am Flutgraben 2 | Tel. (0 30) 5 51 50 65 87 | Bar tgl. ab 14, Restaurant ab 16 Uhr

Nachts ins Freibad: Das Badeschiff macht's möglich

4 Belvedere Potsdam
Das Schlösschen auf dem Pfingstberg

76 Meter hoch ist dieser Hügel, der im Berliner Flachland trotzdem Berg heißen darf: der Pfingstberg in Potsdam. Um einiges höher noch steigt, wer die Treppen des Schlosses Belvedere auf seinem Gipfel erklimmt. Beide Aussichten sind bezaubernd: Die eine auf das Schloss und die andere vom Schloss aus über Potsdam und die Umgebung.

Schon Friedrich der Große hatte zu seiner Amtszeit nahebei ein Belvedere erbaut: Es steht auf dem Klausnerberg in einem Ausläufer des Parks Sanssouci. Und das, obwohl dieser preußische König bestimmt kein Schwärmer war. Auf seinen Urgroßneffen, Friedrich Wilhelm IV., trifft das hingegen durchaus zu. Und um den geht es hier.

Zwar hatte der König in seiner Amtszeit durchaus große politische Sorgen, doch um die schönen Künste kümmerte er sich trotzdem fachkundig und mit Hingabe. Zu seiner Regierungszeit ereignete sich beispielsweise die Märzrevolution von 1848. Friedrich Wilhelm IV. war in vielen Dingen großzügig, aber in sein gottgegebenes Regententum wollte er sich ungern hineinreden lassen. Eine Verfassung lehnte er ab, Legitimation durch Bürgerbeteiligung undenkbar, darüber äußerte er sich wenig freundlich. Dabei war er tatsächlich Romantiker. Seine Ehe trotzte er dem Vater über die konfessionellen Hürden hinweg ab und blieb der Gattin zeitlebens ehrlich zugetan. Eine weitere romantische Liebe galt dem Land Italien. Und außerdem war der König eine Künstlerseele und hat in der historischen Bebauung Berlins große Spuren hinterlassen – er war am Bau des Schlosses Charlottenburg beteiligt und vor allem geht die ganze Idee und Erbauung der Alten Nationalgalerie und damit der Museumsinsel auf ihn zurück. Und natürlich ließ er das Belvedere auf dem Pfingstberg erbauen, von dem wir gerade sprechen. Die Vollendung des einen wie des anderen erlebte er nicht mehr.

Das Ausführungsteam war bewährt: Es waren die Schinkel-Nachfolger Stüler, Persius und Hesse (Architektur) und Peter Joseph Lenné (Gartenanlage) am Werk. Die eigentliche Planung erfolgte durch den König selbst. Und als alles fertig war, thronte auf dem Pfingstberg ein mit Doppelturmanlage, Kolonnaden und Freitreppen geschmücktes Schlösschen im Stil einer italienischen Renaissance-Villa mit fabelhafter Aussicht auf Potsdam und das umliegende Brandenburg. Und da thront es noch, beziehungsweise wieder. Bei aller Pracht hatte das Gebäude von jeher Mängel, die zu DDR-Zeit nicht mehr betreut wurden. Eine Dauerausstellung im Inneren informiert über die Geschichte des kunstsinnigen Schloss-Erbauers, des Baus und der Restaurierung. Regelmäßig finden Konzerte der unterschiedlichsten Genres statt, zudem werden zum Beispiel Mondscheinführungen angeboten, die Aussicht und Aussichtspunkt besonders romantisch zur Geltung bringen.

Belvedere Potsdam | Pfingstberg, Neuer Garten |
14469 Potsdam | Tel. (03 31) 20 05 79 30 |
www.pfingstberg.de |
Potsdam Hauptbahnhof, dann Bus 638 bis Am Pfingstberg

Schlemmen am Pfingstberg

Kades – Restaurant am Pfingstberg |
Große Weinmeisterstraße 43b | Tel. (03 31) 29 35 33 |
www.restaurant-pfingstberg.de

Oben: Das Schlösschen trägt unverkennbare Züge der italienischen Architektur
Unten: Heiraten im Schloss – das Belvedere kann man für Feste mieten

Romantik-Punkte ❤ ❤ ♡

5 Böhmisches Dorf & Stadtbad

Neukölln von seiner lauschigen Seite

Die Karl-Marx-Straße in Neukölln ist die arme Verwandte ihrer Namensschwester, des Friedrichshainer Boulevards. Der Lärmpegel ist hoch, der Ton rau. Wem das ein böhmisches Dorf ist, der liegt vollkommen richtig.

Denn jeweils wenige Meter abseits der Karl-Marx-Straße finden sich durchaus lauschige Orte: der *Körnerpark,* eine kleine Jugendstilanlage nebst Café und Galerie. Das antike *Stadtbad Neukölln* mit prächtigen Badehallen und Dampfbädern. Und drittens tatsächlich – ein böhmisches Dorf.

Der Soldatenkönig Friedrich Wilhelm I. steht bronzen auf einem Sockel in der Kirchgasse. Er, der Gläubige unterschiedlichster Richtungen aufnahm, siedelte auch ein Grüppchen böhmischer Protestanten vor den Toren der Stadt an. Nachfahren der Siedler leben bis heute im Bezirk, und auch die niedrigen Häuser stammen zum Teil noch aus dem Ankunftsjahr 1737. Richardstraße, Richardplatz und Kirchgasse haben geradezu ländliches Flair. Passend dazu gibt es das winzige *Museum im Böhmischen Dorf,* das die Geschichte der Siedler dokumentiert.

Auch die Damen, die in der Richardstraße eine Puppenklinik betreiben, gehören zur böhmischen Gemeinschaft. Doch das ist beim faszinierenden Anblick der liebevoll gehegten, in die Jahre gekommenen Schildkröt-Christels und -Bärbels zweitrangig.

In der historischen Rixdorfer Schmiede werden bis heute Schmiedewaren produziert

Die Andeutung eines Säulenfrieses lässt zwar schon vermuten, dass es sich beim *Stadtbad Neukölln* um ein Gebäude aus der Epoche des Jugendstils handelt. Kaum aber ahnt man, dass der graue, in einer Seitenstraße der eher derben Karl-Marx-Straße gelegene Bau ein überaus prächtiges, historisches Schwimmbad in sich birgt. Reinhold Kiel baute es im Jahr 1914 nach dem Vorbild einer antiken Therme. Dementsprechend ist das Neuköllner Schwimmbad ein Ort zum Baden, zum Ausspannen, das Auge schweifen lassen und sich zu unterhalten. Zwischen großer und kleiner Schwimmhalle, die ursprünglich die Geschlechter trennten, kann man heute hin- und herwechseln und die sieben Meter hohen Travertinsäulen und die Mosaike bewundern. Um den Badetag vollends der Wellness zu widmen, sollte man auch die mit einer Kuppel geschmückten russisch-römischen Badeanlagen besuchen, die um moderne Anlagen wie eine Sonnenbank erweitert wurden. Sternenhimmel im Oberlicht: An jedem ersten Freitag im Monat ist Mitternachtssauna. Der nahe gelegene, von Versailles inspirierte *Körnerpark* stammt aus der gleichen Zeit. Unter alten Bäumen und zwischen adretten Blumenbeeten geht man auf eine Orangerie zu. An Sommersonntagen werden hier ab 18 Uhr Konzerte ganz unterschiedlicher Art gegeben.

Böhmisches Dorf | Rund um die Kirchgasse | 12055 Berlin | U-Bahnhof Karl-Marx-Straße

Sehenswertes in Rixdorf

Stadtbad Neukölln | Ganghoferstraße 3 | 12043 Berlin | Tel. (0 30) 6 82 49 80 | www.berlinerbaederbetriebe.de

Museum im Böhmischen Dorf | Kirchgasse 5 | Tel. (0 30) 6 87 48 80 | www.museumimboehmischendorf.de

Luftig-leichte Jugendstileleganz erwartet die Gäste im Stadtbad Neukölln

6 Botanischer Garten Steglitz
Ein Ausflug für die Sinne

Das vielleicht Schönste am Botanischen Garten ist, dass man auch im Winter hingehen kann. Unter dem gläsernen Himmel der verschiedenen Gewächshäuser spaziert man auch zu kältester Jahreszeit in angenehmen Temperaturen, während das Auge sattes Grün und filigranen Blütenschmuck der Pflanzen tankt.

Natürlich darf man auch im Sommer kommen. Dann blüht es in den unzähligen kleinen Beeten, die sich auf dem 43 Hektar großen Terrain zu einem bunten Mosaik fügen. Außerdem hat es den unbestreitbaren Vorteil, dass man die imposanten Gewächshäuser auch von außen ausgiebig bewundern kann, während man vielleicht gerade vom japanischen Garten zum Arboretum hinübergeht.

In der Pflanzenpopulation, die 23 000 Arten umfasst, werden Flechten und Moose genauso gehegt und gepflegt wie die Riesenpalmen. Das Herzstück der Anlage ist das große Tropenhaus, dass sich über 60 mal 30 Metern 23 Meter hoch wölbt. Es ist fast so alt wie die Parkanlage in Dahlem selbst. Der Botanische Garten wurde im Jahre 1679 vom Großen Kurfürsten gegründet. An der Stelle, wo heute der Kleistpark in Schöneberg ist, entstand ein Küchenkräuter-, Obst- und Lehrgarten. Zum Ende des 19. Jahrhunderts wurde er aus Platzgründen an den heutigen Ort umgesiedelt. Eröffnet wurde der neue Park 1904, die Glashäuser wurden in den Jahren danach fertig, das große Tropenhaus 1907. Letzteres wurde 2009 nach einer aufwändigen Modernisierung wieder-

Nach der Riesenseerose Victoria ist das Haus für tropische Pflanzen benannt

eröffnet. Nun ist es seinem Originalzustand sogar wieder näher als vorher – die Acrylglasscheiben, mit denen die Kriegsschäden notdürftig behoben worden waren, wurden wieder durch Glas ersetzt, neue Heizungs- und Beleuchtungsanlagen waren notwendig geworden. Die großen Tropenpflanzen mussten für diese Zeit ins Exil. Traurig: Die fünf allergrößten Palmen, die ins Spaßbad *Tropical Islands* in Brandenburg ausgesiedelt worden waren, haben das nicht verkraftet.

Spannend in den angrenzenden Gewächshäusern ist der Ausflug zu den fleischfressenden Pflanzen auf der westlichen Schmalseite des Komplexes, besonders schön natürlich der Besuch bei den Orchideen genau gegenüber. Zwei Glastürmchen schmücken das freistehende Jugendstilhaus, das ehemalige Subtropenhaus. Es ist nur ein paar Jahre jünger als das große Tropenhaus und beherbergt heute die Flora des Mittelmeerraumes, vorwiegend der marokkanischen Hartlaubwälder. Hier können sich Paare sogar das Ja-Wort geben.

Direkt neben diesem Glashaus darf man, was überall sonst im Park nicht gerne gesehen wird: Die Pflanzen anfassen, ertasten und beschnuppern. Ein Angebot, das sich besonders an die nichtsehenden Besucher richtet und auch in Blindenschrift beschildert ist – doch auch für Sehende ist der Besuch bei den besonders aromatischen Pflanzen ein sinnliches Erlebnis. Blumen pflücken sollte man aber natürlich auch hier nicht.

Botanischer Garten | Königin-Luise-Straße 6–8 | 14195 Berlin | Tel. (0 30) 83 85 01 00 | www.botanischer-garten-berlin.de | Tgl. Nov.–Jan. 9–16, Feb. 9–17, März/Okt. 9–18, Apr./ Aug. 9–20, Mai–Juli 9–21, Sep. 9–19 Uhr | S-Bahnhof Botanischer Garten

Ebenfalls sehenswert

Botanisches Museum | Königin-Luise-Straße 6–8 | Tgl. 10–18 Uhr

Die Schönheit der Tropenpflanzen ist gerade im Winter eine Augenweide

7 Botanischer Volkspark Pankow
Ein Gemüsegarten fürs Volk

Auch im Norden Pankows befindet sich ein botanischer Garten. Es handelt sich praktisch um den bodenständigen, kleineren Bruder des Exoten-Refugiums im Westen. Das erkennt man auch schon am Namen „Volkspark". Das Areal ist ein schönes Ausflugsziel und bietet eine tolle Atmosphäre für ruhige Spaziergänge. Und für Pausen.

Der Botanische Volkspark Pankow liegt zwischen Rosenthal und Blankenfelde und ist bereits Teil des länderübergreifenden Naturparks Barnim. Er entstand ab 1909 unter der Leitung des städtischen Gartenbaudirektors Albrecht Brodersen, der bis dato erfolgreich Villen- und Prunkgärten angelegt hatte.

Der Volkspark indes wurde als Schulgarten konzipiert: Die Gewächshäuser sind schnörkellose, geometrische Baukörper und die Umgebung ist von Streuobstwiesen und Beeten bestimmt. Hier wurde gezogen, was in Berliner Schulen für den Unterricht in Biologie und Botanik, aber auch im Zeichnen benötigt wurde. Außerdem sollte die Bevölkerung im Gärtnern und Ernten angeleitet werden. Folgerichtig musste das Gelände während der Kriege als landwirtschaftliche Nutzfläche herhalten und ernährte die Anwohner.

Doch es ist bei weitem nicht alles Obst und Gemüse hier: In den teils historischen Hoch- und Flachgewächshäusern wachsen tropische und auch subtropischen Pflanzen, es gibt sogar eine *Königin der Nacht*, die einmal im Jahr ein paar Stunden blüht, was mit einem Blütenfest gefeiert wird. Im mittleren Gewächshaus kann man diese Atmosphäre besonders ausgiebig genießen: Hier bewirtet am Wochenende das kleine *Café mint*, sodass man sich zwischen den Sträuchern und Blüten niederlassen kann. Das ist auch oder sogar gerade bei Regenwetter ein bezaubernder Ort zum Kuchenessen.

Insgesamt verzeichnet der Garten 6000 Pflanzenarten, darunter das Aboretum europäischer Baumarten. Ein Teil des Geländes ist gemäß seiner ursprünglichen Nutzung als Rieselfelder geometrisch angelegt. Der hintere Parkteil besteht aus Wald. Hier führen dann verschlungene Wege bis hin zum kleinen und schließlich zum großen Zingerteich. Irgendwo im Wald steht ein weiteres Berliner Lehrstück: Die *Geologische Wand* stand ursprünglich im Humboldthain, sie zeigt 123 heimische Gesteinsarten und ihre Anordnung in der Erdkruste.

Am nördlichen Parkrand wartet auch noch ein Wildtiergehege mit Hirschen und Damwild, und darin wiederum die Tiere auf Besuch und Fütterung mit Automatenfutter. Was auch bezaubernd ist, denn so nah kommt man den sonst scheuen Waldbewohnern selten.

Wem es hier so gut gefällt, dass er mitmachen möchte: Man kann im Volkspark auch Beete mieten und zum Hobby-Selbstversorger werden.

Botanischer Volkspark Pankow | Blankenfelder Chaussee 5 | 13159 Berlin | www.gruen-berlin.de | Tgl. bis zum Einbruch der Dunkelheit | Sonderöffnungszeiten der Gewächshäuser | U-Bahnhof Pankow, dann Bus 107 bis Botanischer Volkspark

Café im Palmenhaus

Café mint | Mittleres Gewächshaus im Botanischen Garten | Tel. (01 76) 57 22 56 21 | www.cafe-mint.de | Fr–So/Fei 11–17 Uhr

Im Gewächshaus kann man tropische Pflanzen bestaunen und das lauschige Café mint besuchen

8 Britzer Garten & Schloss Britz
Futuristische Romantik

Im Süden von Neukölln erstreckt sich der Stadtteil Britz. Gebäude wie das kleine, elegante Schloss stammen aus der Zeit, als Britz ein Rittergut war. Andere Bauten verströmen einen Hauch Science-Fiction: Diese befinden sich im Britzer Garten, einem Blumenmeer samt Hügeln und Seenlandschaft.

1985 sorgte die Bundesgartenschau für etwas Natur im ummauerten, östlichsten Westen Berlins. 875 000 Kubikmeter Erde wurden aus den Seen heraus und zu Hügeln gebaggert. Heute sind sie von einladend satten Wiesen überzogen, auf denen es im Frühjahr überall blüht.

Zum futuristischen Gesicht des Parks tragen die Brücke mit dramatisch senkrechten Stelen oder der Kalenderplatz mit der überdimensionalen Sonnenuhr bei, deren Ziffernblatt bis in den See reicht. Auch die gastronomischen Einrichtungen, beispielsweise das *Café am See* unter schattenspendenden, knubbeligen Pavillondächern, scheinen aus der Zukunft gekommen und hier gelandet zu sein. Das Ganze ist eingewachsen in schilfbestandene Ufer und eine charaktervolle Welt für sich.

Und dann die Blumen: Das Blütenjahr erlebt seit dem 20-jährigen Parkjubiläum im Jahr 2005 gleich zu Beginn einen fulminanten Höhepunkt, wenn die Tulpenblüte zuschlägt. 330 000 Zwiebeln, 250 verschiedene Sorten, wurden unter dem Stichwort *Tulipan* im Park vergraben und verwandeln die Wiesen in ein quietschbuntes Streifenmuster. Dauerhafter blüht es im Rosengarten, wo besonders die Kletterrosen stimmungsvoll die Gänge und Lauben überwuchern. An anderen Stellen im Park geht es lebhafter zu: Wasserspiele spritzen, ein Spielplatz und eine Felslandschaft, das Tiergehege und das *Freilandlabor Britz* beschäftigen den Nachwuchs.

Dessen Hauptattraktion allerdings ist der Lehmspielplatz *Makunaima* an der Britzer Mühle. Ein ganzes Dorf aus Lehm mit Hütten, Skulpturen und Totempfählen wurde in mehreren Sommerferien von kleinen Baumeistern aufgetürmt. Daneben drehen sich die 12 Meter langen Flügel der Britzer Mühle – eine holländische Windmühle aus dem Jahr 1865. Der Weg des Korns bis hin zum Mehl kann über 5 Etagen hinweg mitverfolgt werden und die daraus hergestellten Brotlaibe sind hier käuflich zu erwerben.

Weitaus älter als die Mühle ist das etwa zwei Kilometer nördlich liegende Gutshaus derer von Britzik, das Schloss Britz. In dem adretten, weißen Gebäude ist das historische Mobiliar zu besichtigen, im eleganten Ambiente finden hochkarätige Konzerte statt. Es lohnt sich, hierzu etwas früher zu erscheinen und noch einen Spaziergang durch den Schlosspark zu machen, oder über die Straße zur Dorfkirche zu gehen. Die Feldsteinkirche aus dem 13. Jahrhundert liegt ausgesprochen idyllisch über dem baumbestandenen Dorfteich.

Britzer Garten | Buckower Damm 146 | 12359 Berlin | Tel. (0 30) 70 09 06-0 | www.britzer-garten.de | Tgl. ab 9 Uhr bis Einbruch der Dunkelheit | S-/U-Bahnhof Hermannstraße, dann Bus M44 bis Britzer Garten

Ebenfalls einen Besuch wert

Schloss Britz | Alt-Britz 73 | Tel. (0 30) 6 09 79 23-0 | www.schloss-britz.de | Di–So, Fei 11–18 Uhr

Oben: Vergängliche Schönheit – das Tulpenmeer blüht nur im Frühling
Unten: Der Pavillon in eigenwilliger Optik liegt direkt am idyllischen See

9 Bürgerpark Pankow
Freiluft-Konzerte im Rosengarten

Bürgerpark heißt dieser bezaubernde Park im Berliner Norden, weil die Gemeinde ihn einst kaufte und vor rund 110 Jahren der Bevölkerung zur Verfügung stellte. Und die nutzt ihn seitdem ausgiebig.

Einst war die Grünanlage der private Garten des Zeitungsverlegers Hermann Killisch van Horn. Heute ist es ein schöner Park voller Blumen und Vögel, in dem man eine Weile picknicken oder Tiere angucken möchte. Er ist aber auch Station auf ausgedehnteren Spaziergängen entlang der Panke oder in Richtung Schönholzer Heide.

Killisch, der Begründer der Berliner Börsenzeitung war, ließ sich den Traum vom Herrenhaus erfüllen und umgab es mit einem Park, der alles aufbot, was er im Stile der italienischen Renaissance zu haben bedurfte: Fasanerie, Palmenhaus, indische Pagode und üppiger Skulpturenschmuck. Von all dem ist nur das große, verschnörkelte Tor erhalten, das 1860 im Stil der Stüler-Schule an der Wilhelm-Kuhr-Straße errichtet wurde. Durch die drei hohen Bögen hindurch gelangt man in den Park. Schon gleich empfangen einen bunte Rabatten und ein fröhlich plätschernder Springbrunnen.

Satte Liegewiesen breiten sich nun vor einem aus, die auf der Südseite des Parks sanft zu einem kleinen Hügel hinaufschwingen. Hier befindet sich ein Tiergehege. Ziegen und Steinböcke sind hier zu Hause. Auch eine Voliere mit Pfauen, Fasanen und Tauben kann besucht werden. Noch mehr Tiere leben auf dem Kinderbauernhof *Pinke-Panke*, in der direkten Nachbarschaft am Ende des Parks.

Mitten im Park gibt es das Café *Rosenstein*, unter dessen Sonnenschirmen mit Kuchen und Eis verwöhnt wird. Daran vorbei gelangt man in den prächtigen Rosengarten. Hier ranken sich unzählige Rosensorten auf Pergolen und um Sandsteinsäulen herum. Halbrund wie in einem Theater sind die Beete um einen weißen Pavillon angeordnet. Zwischen ihnen gibt es zahlreiche Bänke, und tatsächlich wird der Rosengarten im Sommer regelmäßig zu einer Freiluft-Konzertbühne.

Viele der alten Bäume sind im Park noch erhalten – sie wurden in der Nachkriegszeit streng bewacht, damit sie nicht abgeholzt wurden. An der Panke kann man eine Sumpfzypresse, eine amerikanische Roteiche und eine Rotbuche bestaunen, die Naturdenkmäler sind. Abgesehen davon gibt es verschiedene Exoten zu entdecken, einen Maulbeerbaum, einen Trompetenbaum und einen Tulpenbaum zum Beispiel. Und ein Extra für Bücherwürmer: Von Mai bis September öffnet auf ehrenamtlicher Basis die kleine Parkbibliothek und verleiht Bücher und Gesellschaftsspiele.

Der Pankeweg ist entlang des kleinen Flüsschens ausgeschildert. An ihrem Ufer kann man bis nach Berlin-Mitte laufen, wo sie am Theater am Schiffbauerdamm in die Spree mündet. Besonders im nördlichen Teil Weddings ist das ein verwunschener, baumbestandener Weg und lädt ein, zu Fuß erkundet zu werden.

Bürgerpark Pankow | Wilhelm-Kuhr-Straße 9 | 10439 Berlin | S-Bahnhof Wollankstraße

Einkehren im Bürgerpark

Kaffeehaus Rosenstein | Kaffeehaus, Biergarten, Eisbar | Im Bürgerpark | www.rosenstein-berlin.de | Im Sommer 12–24, im Winter 12–19 Uhr

Halbrund wie im Theater sind die Rosenbeete um den weißen Pavillon angeordnet

10 Dahlemer Museen
Der Duft der großen, weiten Welt

Wenn der Prophet nicht zum Berg kommt ... nach diesem Motto ist schon so einiges Kulturgut nach Berlin geraten. Gleich eine ganze Reihe von Schiffen aus der Südsee und andere Bauwerke exotischer Kulturen gibt es im Süden der Stadt zu sehen.

Seit 1873 sammelt das *Ethnologische Museum* außereuropäische Kunst- und Kulturgegenstände und hat auf diese Weise inzwischen über 500 000 Exponate zusammengetragen. Hervorgegangen ist es aus den Wunderkammern der brandenburgischen Kurfürsten, die bereits im 17. Jahrhundert Mitgebrachtes von Reisen und Expeditionen sammelten. Daraus erwuchs eine der weltweit größten und bedeutendsten Sammlungen zur Archäologie Amerikas, den Indianern Nordamerikas, der Südsee, Ostasiens und Afrikas. Einzigartig ist die Sammlung zur Musikethnologie. Im Museum stehen ganze Häuser aus fernen Kulturen, besonders beeindruckend aber sind die Schiffe und Boote, zum Beispiel das von der Insel Luf im Pazifik stammende, deren Kultur in den 1940er Jahren ausstarb. Ein Hauch von Südsee weht durch Dahlem. Viele Ausstellungsstücke erfordern viel Platz, und so wird das Museum schon mal zum Labyrinth. Doch irgendwo hinter der peruanischen Goldkammer findet man die Musikinstrumentensammlung, deren Exponate in Konzerten und Workshops auch zum Einsatz kommen.

Auch die Sammlungen im *Museum für Asiatische Kunst* haben international hohe Bedeutung. Die Kunstsammlung Ostasiens zeigt Kunstwerke aus dem 4. Jahrtausend v. Chr. bis zur Gegenwart und ist in Abteilungen unterteilt, die sich jeweils China, Japan und Korea widmen. Ein japanisches Teehaus gehört zu den Ausstellungsstücken, nach Voranmeldung darf man hier auch an einer Teezeremonie teilnehmen. Aus dem *Museum für Indische Kunst* stammt die Nachbildung des Tors zur großen Stupa in Sanchi – eine Stupa ist ein halbkugelförmiges Denkmal, das Frieden und Glück symbolisiert. Die in der indischen Stadt Sanchi stammt aus dem 3. Jahrhundert v. Chr. und ist unglaublich detailreich mit Figuren geschmückt.

Der Kulturkreis schließt sich ein paar Dutzend Meter weiter: In der Arnimallee liegt das *Museum Europäischer Kulturen*, das zum Beispiel eine große Sammlung erzgebirgischer Handwerkskunst zeigt. Und, Stichwort Romantik, eine echte Venezianische Gondel gibt es hier auch.

Dieses ganze Ensemble sieht Veränderungen entgegen. Wenn in der Berliner Mitte das Humboldt-Forum im neuerbauten Schloss eröffnet wird, sollen das *Ethnologische Museum* und das *Museum für Asiatische Kulturen* dorthin umziehen und in der Nachbarschaft weiterer Kultur-Museen neu konzipiert werden.

Museum für Asiatische Kunst |
Museum Europäischer Kulturen | Ethnologisches Museum |
Lansstraße 8/Arnimallee 25 | 14195 Berlin |
Di–Fr 10–17, Sa/So 11–18 Uhr |
U-Bahnhof Dahlem-Dorf

Das Highlight im Frühjahr

Ostermarkt im Museum Europäischer Kulturen |
Lansstraße 8 | am Osterwochenende Sa/So 11–18 Uhr |
Der Ostermarkt ist im regulären Eintritt eingeschlossen

Oben: Das Ethnologische Museum ist eigentlich eine Wunderkammer
Unten: Zwischen hohen Säulen betritt man das Museum Europäischer Kulturen

11 Domäne Dahlem
Wo die Zeit stillzustehen scheint

Das blaue U-Bahn-Schild prangt in Dahlem an einem Fachwerkhaus – die Station heißt Dahlem-Dorf, und das ist bezeichnend, auch wenn nebenan gleich der Campus der Freien Universität liegt.

Wie schön: Hier kann man Anderen bei der Arbeit zuschauen, die Domäne Dahlem ist ein richtiger Bioland-Hof. Zur Freude (nicht nur) der Kinder gibt es natürlich viele Tiere. Zu sehen ist auch, wie traditionelle Methoden hier die modernen Geräte ergänzen. Die Kühe werden zur Weide getrieben oder gemolken, ein Pferd wird zum Eggen eingesetzt.

Das Erlebnis erstreckt sich aber nicht nur aufs Zugucken: In den Handwerksbetrieben des Hofes darf an einzelnen Samstagen mitgearbeitet werden. So kann man den Stellmachern helfen, wenn Räder neu bespeicht werden, in der Schmiede eine Unterrichtsstunde nehmen, mit den Weberinnen Wolle zupfen oder in der Töpferei eine Tasse formen. Ein Anruf in der Domäne oder das Internet informieren darüber, was wann angeboten wird. Auch die vielen Feste im Jahresverlauf sorgen für Abwechslung. Bei den Bratwurstmeisterschaften, auf dem Mittelaltermarkt oder dem Kartoffelfest sind Glasbläser, Buchbinder, Scherenschnittkünstler und viele andere Handwerksstände zugegen.

Das alles geschieht in historischem Ambiente: Der Hof war einst ein Rittergut, das später an die preußische Verwaltung fiel. Seit den 1970ern trägt das pädagogisch wertvolle Treiben auf dem Gelände den leicht steril klingenden Namen *Agrarhistorisches Freilichtmuseum* und widmet sich in Theorie und Praxis der Berliner Landwirtschafts- und Ernährungsgeschichte. Allerdings werden von den ehemals 500 Hektar heute nur noch 12 Hektar genutzt, außen herum ist die Stadt gewachsen.

Neben der Selbsterfahrung durch das Mitmachen auf dem Hof wird auch das dazugehörige Hintergrundwissen am Originalschauplatz vermittelt: Die Geschichte des Gutes, der Ortschaft und der Berliner Essgewohnheiten werden im 1560 errichteten Herrenhaus gezeigt. Prachtstück der Dauerausstellung ist ein original erhaltener Kolonialwarenladen von 1896. Neben den Regalen und Schubfächern, der Ladentheke und der Registrierkasse sind die Verpackungen der Waren aus den 1920er und 30er Jahren zu sehen. Ein weiteres Spezialgebiet des Hauses ist die Imkerei, wie verschiedene Bienenstöcke auf dem Gelände erahnen lassen. Im Schaulager kann man bei Führungen historische Landmaschinen besichtigen.

Apropos Kaufmannsladen: Nicht nur während der zahlreichen Märkte und Feste kann auch ganz gegenwärtig eingekauft werden. Die Erzeugnisse des Betriebs werden im hofeigenen Imbiss serviert und im Hofladen feilgeboten. Dort gibt es Gemüse, Blumen, Kartoffeln, Fleisch, Wurst und Eier – alles bio, natürlich.

Domäne Dahlem | Königin-Luise-Straße 49 | 14195 Berlin | Tel. (0 30) 66 63 00-0 | www.domaene-dahlem.de | U-Bahnhof Dahlem-Dorf

Verkostung in der Domäne Dahlem

Hofladen | Mo–Fr 10–18 Uhr, Sa 8–13 Uhr

Ökomarkt | Sa 8–13 Uhr

Hof-Ausschank | Bei gutem Wetter Mo–Fr 11–20, Sa 9–20, So 10–20 Uhr

Hier ist die Welt noch in Ordnung: Die Domäne Dahlem ist ein Ort der Entschleunigung

Hofladen
Museum
Biergarten
Tiere
Teich
Schau-Remisen

12 Englischer Garten
Der Tiergarten, kultiviert

Der große Stern teilt den nordwestlichen Teil des Tiergartens in Segmente – im Tortenstück zwischen Altonaer Straße und Spreeweg gibt es besonders gepflegte Anlagen, den Englischen Garten, Schloss Bellevue und die Akademie der Künste.

Der große Stern entstand um 1700 als repräsentativer Platz im Tiergarten und führte bis zu den hochtrabenden Hauptstadt-Planungen der Nazis ein eher ruhiges Dasein. Seither allerdings umtosen die Autos mehrspurig die Siegessäule, derzeit sind es täglich etwa 20 000.

Aber dennoch! In unmittelbarer Nähe, gleich hinter dem Bismarck-Denkmal, findet man ganz außergewöhnliche Orte. Dort liegt zum einen der *Englische Garten,* was in diesem Fall keine Stilbezeichnung ist. Der Park entstand in der Nachkriegszeit auf Betreiben des Kommandanten der englischen Besatzungstruppen, General Bourne. Er wollte an die gute deutsch-britische Zusammenarbeit während der Blockadezeit erinnern. Sowohl das englische Königshaus als auch englische Privatpersonen unterstützten ihn darin und schickten Pflanzen für den Garten. Mit Blick auf die gepflegten Rabatten sitzt man auf der großen Terrasse vor dem reetgedeckten Teehaus. An den Wochenenden im Juli und August wird einem dies auch noch durch Konzerte versüßt, die nachmittags unter freiem Himmel stattfinden.

Der *Englische Garten* grenzt an die Anlage der *Akademie der Künste.* Diese hat seit 1960 hier

Das idyllisch gelegene Teehaus lädt zur Pause zwischendurch ein

den Verwaltungssitz und ein Ausstellungshaus. Hier ist ein bisschen die Zeit stehen geblieben. Über sandfarbene Teppiche geht man durch das Haus, auch die Akustik ist gedämpft. Unversehens öffnet sich eine Tür zum Innenhof des Gebäudes, der mit grauen Schiefern gepflastert und bepflanzt ist. Einen Skulpturengarten findet man im Obergeschoss, hier plätschert auch ein Wasserbecken. Im Foyer des Gebäudes sitzt man hinter der Glasfront unter einer niedrigen Decke und blickt hinaus in die gleichzeitig entstandene, ambitioniert und zeitgenössisch modern geplante Wohnsiedlung des Hansaviertels. Östlich des Akademie-Gebäudes schließt sich der Park von Schloss Bellevue an, dem Sitz des Bundespräsidenten. Hohe Mauern verwehren den Einblick.

Die Gründung der *Akademie der Künste* reicht bis ins 17. Jahrhundert zurück. Friedrich III. rief sie ins Leben als „Academie der Mahler-, Bildhauer- und Architectur-Kunst". Seit 1907 logierte die Akademie am Pariser Platz neben dem Brandenburger Tor. Unter den Nazis musste die Akademie das Gebäude räumen. Was der Krieg vom Haus übrig ließ, wurde Standort der Akademie der Künste der DDR. Seit Wende und Wiedervereinigung auch der Akademien wurde über den Neubau am historischen Ort nachgedacht, der 2005 eingeweiht wurde. Ein Architektenteam um Günter Behnisch setzte auf die historischen Mauern am Pariser Platz einen lichten Glasbau. Auch dieses Gebäude ist ausgesprochen sehenswert.

Englischer Garten | Im Großen Tiergarten | S-Bahnhof Bellevue

In und um den Englischen Garten

Teehaus im Englischen Garten | Altonaer Straße 2 | 10557 Berlin | Tel.(0 30) 39 48 04 00 | www.teehaus-tiergarten.de | Mo–Fr ab 12 Uhr, Sa/So/Fei ab 10 Uhr

Akademie der Künste | Hanseatenweg 10 | Di–So 11–19 Uhr

Kleine Brunnen mit Tiermotiv: ein Blickfang auf dem akurat gestutzen Rasen

13 Falckensteinstraße
Urban und multi-kulti

In der Verlängerung der Oberbaumbrücke führt die Falckensteinstraße herunter zum Görlitzer Park. Ihr Charme entsteht durch ein Sammelsurium an unterschiedlichen Lokalitäten, zwischen denen das Publikum umherwandert.

Indische Restaurants, mehrere Künstlerprojekte, kleine Kiezkneipen, szenige Clubs und Cafés (auch auf der Schlesischen Straße) – sie alle liegen im Einzugsbereich der Falckensteinstraße. Zwischen ihnen kann man sich den ganzen Tag und Abend hindurch verlieren.

Herzstück der Falckensteinstraße ist das kulinarische Imperium *Aldemir*. Gelbe und rote Luftballons markieren den Straßenverkauf der legendären Eisdiele, den man auch unschwer an der Schlange vor dem Fenster erkennt. Strohbehütete Damen verkaufen hinter Arrangements prallen Obstes ausgefallene Eissorten wie „Omas Apfelkuchen“ oder „Sesam-Honig“, das Anstehen sollte einen nicht schrecken, man kommt schnell an die Reihe. Hier sind die Poller, von denen Berlin so viele verschiedene Sorten kennt, einmal nützlich und dienen als Sitzgelegenheiten für rastende Erwachsene und Kinder mit Eistüten, die Straße verwandelt sich so in einen Platz. Aldemirs Idee, den Winter mit Pizzaverkauf zu überbrücken, kam so gut an, dass sich ein zweiter Imbiss gegenüber etablierte, es nun portionsweise Pizza rund ums Jahr gibt und ein Café mit Tischen und Stühlen und kleinen Gerichten die Gemütlichkeit des Platzes abrundet.

Die Falckensteinstraße beginnt an der Oberbaumbrücke mit dem *Watergate*, einem Club mit großer Glasfront, in dem mit Blick auf die Brücke und das Universal-Gebäude auf der anderen Spreeseite geravt wird. Den Sonnenaufgang sollte man unbedingt einmal auf der Terrasse zu Füßen der neugotischen Backsteinbrücke erlebt haben.

Als besonders schöne Kneipen an der Falckensteinstraße seien das *San Remo Upflamör* genannt, das seinen Namen mit abgegriffenen Fotoalben unbekannter Urlauber früherer Jahrzehnte begründet, sowie das *Konrad Tönz* kurz vorm Görlitzer Park. Dem Namensgeber, einem Schweizer Aktenzeichen-XY-Moderator, wird hier mit einem plüschigen 1970er-Jahre-Partykeller-Inventar und Musik von Mono-Plattenspielern gehuldigt.

In der Nachbarschaft lohnt sich ein Abstecher in die Wrangelstraße. Das *Sofia* wird von einem schrulligen Künstler betrieben, der sich durch nichts aus der Ruhe bringen lässt. Die Wandbemalung muss noch aus der Zeit stammen, als der Laden ein türkischer Imbiss war. Man sitzt in zusammengewürfeltem Mobiliar unbestimmten Alters und genießt die Tatsache, dass sich das Café genau gegenüber einer Straßeneinmündung befindet, die nach Süden führt, ergo als einziges Haus in der Straße nachmittags im Sonnenschein liegt. Dazu gibt es fair gehandelten Kaffee und Käsebrote.

Falckensteinstraße | U-Bahnhof Schlesischer Tor

Die schönsten Lokale

Eisdiele Aldemir | Falckensteinstraße 7 | 10997 Berlin |
Tel. (0 30) 6 11 83 68 | März–Okt. tgl. 10–24 Uhr

San Remo Upflamör | Falckensteinstraße 46 |
Tel. (0 30) 74 07 30 88 | Mo–Fr ab 12, Sa/So ab 10 Uhr

Sofia | Wrangelstraße 93 |
Mo–Fr ab 9, Sa ab 11, So ab 20 Uhr

Mit bunten Luftballons und noch bunteren Eiskreationen lockt die beliebte Eisdiele „Aldemir“

HOME MADE

14 Fernsehturm
Dinieren in luftiger Höhe

Von oben sieht die Welt schon ganz anders aus. Wenn auch nicht nichtig, so werden Gebäude und Menschen doch klein und fügen sich zum Panoramabild.

Um auf die Stadt herabzusehen, muss man ja nicht gleich über den Wolken fliegen, eine Aufzugfahrt tut es auch. Eine gute halbe Minute dauert es, in die Kugel des Berliner Fernsehturmes hinaufzufahren, eine gute halbe Stunde benötigt man, um im rotierenden Restaurant eine Runde zu fahren und ganz Berlin von oben zu betrachten.

Der Fernsehturm ist das Wahrzeichen Berlins. Charakteristisch, wie die Spitze mit der Kugel aus dem ansonsten eher ebenmäßig flachen Stadtbild herausragt. Nicht nur in Berlin, auch in Deutschland ist er das höchste Gebäude. Insgesamt misst der Turm exakt 368,03 Meter, auf der Aussichtsplattform befindet man sich etwa auf 203 Metern Höhe, im Telecafé eine Etage höher auf 207 Metern. Der Fernsehturm wurde am 3. Oktober 1969 feierlich eröffnet. In Verbindung mit dem naheliegenden Palast der Republik sollte der Turm weithin sichtbar einen modernen Sozialismus symbolisieren. Auch nach der Wende erfreut sich der Turm großer Beliebtheit und wird alljährlich etwa eine Million Mal besucht.

Gut also, dass über den Eingang zum Telecafé gewacht wird. Nur wenn einer der großen, weiß gedeckten Tische mit den gemütlichen Ledersesseln frei wird, wird Einlass gewährt. Und so lang kann die Schlange der Wartenden gar nicht sein, dass sich da jemand beim Kassieren, Abräumen oder Neu-Eindecken aus der Ruhe bringen lassen würde. Im Restaurant am oberen Ende des Berliner Universums tickt die Zeit anders als unten in der wimmelnden Stadt. An der Einrichtung, der Speisekarte und auch am uniformierten Personal sind die letzten 20 Jahre irgendwie vorbeigegangen – weder mit Kapitalismus noch mit 3. Jahrtausend hat das hier wirklich etwas zu tun. Und das ist auch gut so. Die Karte ist gutbürgerlich und was angeboten wird, schmeckt gut. Schon in der Morgensonne kann man die Stadt betrachten und hier frühstücken. Schnitzel und Braten stehen auf der Mittagskarte, und auch bis in die Abendstunden kann man kreisend speisen und auf das Lichtermeer hinabblicken. Ob der leichte Schwindel, der einen befällt, allerdings auf das konsumierte Bier zurückzuführen oder einfach der drehenden Plattform zuzuschreiben ist – ungewiss. Bei der zweiten Runde Stadtrundfahrt und Bier fühlt man sich jedenfalls irgendwie stabiler trotz fortgesetzter Rotation auf dem überdimensionalen Plattenteller.

Währenddessen zieht 200 Meter weiter unten die Museumsinsel vorbei. Dann die Reichstagskuppel und der Boulevard Unter den Linden. Der Potsdamer Platz. Kreuzberg. Weit hinten ahnt man Treptow. Die Karl-Marx-Allee rückt ins Blickfeld. Und dann der Prenzlauer Berg und Mitte. Und noch einmal alles von vorne.

Berliner Fernsehturm | Panoramastraße 1a | 10178 Berlin | Tel. (0 30) 2 42 33 33 | www.tv-turm.de | März–Okt. 9–24, Nov.–Feb. 10–24 Uhr | S-/U-Bahnhof Alexanderplatz

Speisen im Fernsehturm

Restaurant Sphere | im Fernsehturm | Reservierung unter Tel. (0 30) 2 47 57 58 75 oder unter reservierung@tv-turm.de

Bar 203 | im Fernsehturm | Tel. (0 30) 2 47 57 50

Auf dem Fernsehturm lässt sich der Sonnenuntergang buchstäblich von allen Seiten bestaunen

15 Freischwimmer, IPSE & Club der Visionäre
Open Air direkt am Wasser

Kurz bevor der Landwehrkanal und sein Zwillingsbruder, der Flutgraben, in die Spree münden, werden sie besonders idyllisch: Hier haben sich verspielte Freiluftorte angesiedelt und überhängende Bäume spiegeln sich im Wasser.

Dass hier einst die Mauer verlief, lässt der verwunschene Wasserarm am östlichsten Ende Kreuzbergs kaum noch ahnen. Einzig ein verlassener Wachturm auf der Wiese am Flutgraben erinnert daran, dass das Hin und Her auf der kleinen Brücke an der Schlesischen Straße nicht immer selbstverständlich war. Es ist nur ein kleiner Turm mit etwa vier mal vier Metern Grundfläche, doch ist er einer von nur dreien, die in Berlin noch stehen.

Steht man auf besagter Freiarchenbrücke, ist deren schmiedeeisernes Geländer hinter unzähligen, daran angeschlossenen Fahrrädern kaum mehr zu erahnen. Die Fahrräder gehören den Gästen der beiden beliebten Lokale, auf denen der Blick des auf der Brücke Verweilenden ruht.

Links des Wassers ducken sich eine Reihe von Baracken entlang des Ufers. Der *Freischwimmer*, in den 1930er Jahren als Bootswerkstatt entstanden, ist wohl Berlins längstes Café. An seine Basis reihen sich Unterstände zu einer Länge von 100 Metern, kleine Terrassen mit Liegestühlen sind angedockt. Bei kühler Witterung werden Planen vorgehängt. Der Zugang erfolgt über das Tankstellengelände, neben dessen modernen Zapfsäulen auch noch die älteste Tankstelle Berlins steht. In

Per Kanu am Club der Visionäre vorbei – der Landwehrkanal wird vielfältig genutzt

deren kühlem 1920er Jahre-Ambiente ist heute ein kleines Lokal namens *Anhalt* untergebracht. Im *Freischwimmer* aber sitzt man bei unendlicher Ruhe bei Café und Kuchen, auf der Karte finden sich auch leckere kleine Gerichte und sonntags ein Brunch-Buffet. Im Winter flackert ein Feuer im Kamin.

An lauschigen Wochenenden im Sommer lockt auch die *IPSE* wenige Meter weiter. In der etwas improvisiert wirkenden Open-Air-Location, die ebenfalls zum *Freischwimmer* gehört, kommen feierlustige Nachtschwärmer auf ihre Kosten. Getanzt wird auf der schmalen, baumbestandenen Böschung, relaxt und dabei dem Sonnenaufgang zugeguckt auf den Holzstegen direkt am Wasser.

Auch von der anderen Seite des Flutgrabens schallen elektronische Rhythmen herüber. Der *Club der Visionäre* ist ebenfalls ein Sommerquartier für die Partygänger der Hauptstadt. Dann lagern auf einer Reihe von schwimmenden Pontons, Flößen und einem Boot dichtgedrängte Open-Air-Clubber. Ab und an verliert wer beim Balancieren über die zu überwindenden Geländer und Lücken in den Stegen oder beim Schaukeln mit dem Bier in der Hand das Gleichgewicht und geht über Bord. Doch bei den unverwechselbar ewig gleichen Taktschlägen, die von verschiedenen DJs engagiert produziert werden, kann man sich auf der Tanzfläche im roten Backsteinbau, der das Herzstück des visionären Clubs bildet, wieder trocken tanzen.

Landwehrkanal und Flutgraben | U-Bahnhof Schesisches Tor

Lauschige Open-Air-Plätze am Wasser

Freischwimmer | Vor dem Schlesischen Tor 2a | 10997 Berlin | Tel. (0 30) 61 07 43 09 | www.freischwimmer-berlin.de

IPSE | Vor dem Schlesischen Tor 2b | Fr 22–08, Sa 14–08, So 13–06 Uhr

Club der Visionäre | Am Flutgraben | 12435 Berlin | Tel. (0 30) 69 51 89 44 | Mo–Fr ab 16, Sa/So ab 12 Uhr

Im Freischwimmer kann man besonders schön am Wasser sitzen

16 Gärten der Welt
Weltreise an einem Tag

Üppiges Grün und detailverliebte Gärten, exotische Bauten und ein idyllischer See: Die Gärten der Welt laden zum stundenlangen Flanieren ein. Und zum Träumen von der großen, weiten Welt.

Am Wasserspiel rechts geht es eigentlich nach Westen, aber im Erholungspark Mahrzahn bedeutet das einen Kurztrip nach Nahost – dort steht der arabische Riyad, ein bepflanzter Innenhof. Nach Fernost, nämlich zum Balinesischen Garten geht es hier nach links und damit in diesem Fall tatsächlich nach Osten. Geradeaus liegt biederes, aber blütenreiches Mitteleuropa vor einem, doch dahinter rufen ebenfalls ferne Welten: Auch China, Japan und Korea sind durch Miniatur-Landschaften im Park präsent. Eine Runde durch den Erholungspark Marzahn ist ein Spaziergang auf einer globalisierten Modelleisenbahnanlage für Riesen – ohne den störenden Zugverkehr natürlich.

Vor knapp dreißig Jahren wurde Berlin 750 Jahre alt, und so bekamen die Einwohner, in diesem Fall Ostberlins und im Speziellen die der nahegelegenen Wohnsilos, ein 21 Hektar großes Geschenk: die *Berliner Gartenschau*. Nach der Wende wurde der Park seinem neuen Namen „Erholungspark" gemäß mit Liegewiesen und Spielplätzen ergänzt. Nach wie vor gibt es Rabatten und Beete mit wechselnder Bepflanzung rund ums Jahr. Im Jahr 2000 entstand mit dem Chinesischen Garten der erste der insgesamt zehn internationalen Themengärten. Auf einer Spazierrunde von knapp 1,5 Kilometern kommt man an botanischen Verkörperungen verschiedenster Weltreligionen und Philosophien vorbei. Den ein oder anderem Meter sollte man aber auch fürs Herumgehen in den Anlagen einplanen.

Gleich neben dem Eingang an der Eisenacher Straße gelangt man, wie gesagt, rechter Hand zum Orientalischen Garten. Das Tor *Bab-al-janan* öffnet sich zu einem pan-arabischen Stilmix. Ornamental gekachelte Wände und Arkaden, zierlich geschmückte Säulen und Bahnen von Wasserspielen und Beeten fügen sich in strenger geometrischer Ordnung in den von einer hohen Mauer gesäumten Hof ein. Merke: Laut islamischer Gartenkultur ist die Oase oft unsichtbar, das altpersische Wort für Garten klingt wie Paradies. Die Keramik des paradiesischen Gartenhofs fängt die erfrischende Kühle des Wassers, das in Kanälen und Becken fließt.

Eigentlich geht nun die Runde durch den Park erst los: Geradeaus lockt schon das erste Café am Brunnen, doch sei der hoffnungsfrohe Wanderer an dieser Stelle noch nicht durch kulinarische Empfehlungen ausgebremst, sondern darauf hingewiesen, dass die chinesischen Pavillons attraktivere Orte zur Einkehr sein werden als die Plastikstühle am Brunnen. Orientiert man sich nach dem Café rechts, stößt man zunächst auf das Heckenlabyrinth und einen englischen Irrgarten. Um den kniffligen Weg zur Mitte zu finden, sind Geduld und Konzentration gefragt.

Ein Stück weiter, im westlichen Ausläufer der Anlage, befindet sich der italienische Renaissancegarten. Umrundet man diesen und schlendert dann Richtung Süden, rückt schon kurze Zeit später die erste rotlackierte Pagode ins Blickfeld. Der *Garten des wiedergewonnenen Mondes* feiert die Städtepartnerschaft mit Peking, und, da ein chinesischer Garten immer etwas aus dem Leben seines Besitzers spiegelt, die deutsche Wiedervereinigung. Um einen weitläufigen See gruppieren →

Oben: Der goldene Wandelgang im Christlichen Garten zitiert die Bibel
Unten: Die Wasserspiele des Orientalischen Gartens bieten Erfrischung im Sommer

← sich die Gebäude, in denen es sich speisen, einer Teezeremonie beiwohnen und (Achtung an alle mit Verlobungsring) sogar heiraten lässt. Umstanden ist das Ganze von ausgewählt zerfurchten Steinen, Chrysanthemen und Magnolien, Bambus, Kiefern und Trauerweiden.

Folgt man dem Weg weiter gegen den Uhrzeigersinn, gelangt man zum Christlichen Garten mit dem Wandelgang aus goldenen Buchstaben und zum Karl-Foerster-Staudengarten.

Wenige hundert Meter entfernt befindet sich der Japanische Garten. Auch sein Name, der *Garten des zusammenfließenden Wassers*, scheint in der Stadt Berlin kein Zufall zu sein. Wasser hingegen gibt es in diesem Teil des Gartens kaum, hier sind Steine und Kies symbolträchtig angeordnet. Im Pavillon sitzend, blickt man auf die Wellen des sandigen Zen-Gartens, dessen Furchen jeden Tag neu gezogen werden. Welch ein Gegensatz zum prachtvollen und feuchtkühlen Orientalischen und zum verschnörkelten Chinesischen Garten am Wasser!

Hat man dies genossen, dann auf zum Koreanischen Garten. Der Themenpark zeigt traditionelles Wohnen und die Landschaft von Korea. Kiefern, Bambus, Eichen und Fächerahorn sind typisch. Das Besondere hier: Man darf sich etwas wünschen. Riesige, lustig lachende *Zang Sung*-Figuren haben dafür sichtbar große Ohren. Magere Vögel namens *Sot Dä* tragen die Botschaften zu den Geistern, und die *Buk Su*, kleinere, grimmigere Gestalten, schützen auch die Natur en Miniature vor Naturkatastrophen. Beunruhigt? Dann ist es vielleicht Zeit für den Balinesischen Garten, der geschützt in einem Gewächshaus liegt.

Man trete durch *Ankul ankul*, das Eingangstor. Zwei Stufen geht es hinauf, denn die Götter, das Gute, wohnen im balinesischen Hinduismus stets oben. Die Enge der Tür soll die Gedanken des Eintretenden konzentrieren und harmonisieren. Deutsche Baubestimmungen verlangen an dieser Stelle natürlich einen breiteren Weg, der an der Pforte vorbeiführt, doch der *Garten der drei Harmonien* wäre kein solcher, könnte er die Zeichen verschiedener Kulturen nicht zu einem Bild vereinen.

Ein kleines, aber feines, dreidimensionales Bild von einem balinesischen Anwesen nebst offenem Wohnhaus, Schrein für die Verehrung von Ahnen, Göttern und Dämonen, vor allem aber exotischen Pflanzen: Weiß und lila die üppigen Orchideen, dunkelrot, fast schwarz die Blüte der seltenen Fledermauslilie, sieben verschiedene Farn-Sorten und als besonderen Schmuck ein Fangipani-Baum. Von seinem Duft umweht darf man sich nun wieder der Realität des rauen Marzahns stellen. Oder umkehren und noch einmal in einem der exotischen Pavillons von fernen Ländern träumen.

Gärten der Welt | Eisenacher Straße 99 | 12685 Berlin | Tel. (0 30) 70 09 06-699 | Nov.–Feb. 9–16, März–Okt. 9–18, Apr.–Sep. 9–20 Uhr | Sonderöffnungszeiten des Japanischen, Orientalischen und Koreanischen Gartens | S-Bahnhof Marzahn, dann Bus 195 bis Erholungspark Marzahn

Rasten in den Gärten der Welt

Teehaus zum Osmanthussaft | In den Gärten der Welt | www.china-teehaus.de | Apr.–Okt. tgl. 10.30–18 Uhr

Üppige Kirschblüten und Pagodendächer versetzen die Besucher in eine fernöstliche Welt

17 Gendarmenmarkt
Das Herz der Friedrichstadt

Um nach einem Bummel über die Friedrichstraße einen dekorativen Rastplatz zu finden, muss man nur durch die dort abzweigende Taubenstraße schlendern. Dann entdeckt man rund um den Gendarmenmarkt großzügig-elegantes Ambiente der neobarocken Art.

Seinen Namen bekam der imposante Platz vom Soldatenkönig Friedrich Wilhelm I., der hier die Stallungen für das Kürassierregiment 10 der preußischen Reiterei aufstellen ließ, die „Gens d'armes". Später war dessen Sohn Friedrich II. am Werk, ließ die Stallungen abreißen und an die beiden fast identischen Kirchen Türme mit unterschiedlichen Kuppeln anbauen. So wurden aus ihnen der Französische und der Deutsche Dom – von der Funktion her schlichte Kirchen. Angelehnt an die *Ideale Palladios* sind es Bauwerke, deren Eleganz durch den klaren Einsatz antiker Bauelemente erzielt wird. In beiden Kirchen befinden sich heute historische Museen. Des Weiteren veranlasste Friedrich II. auch den Bau eines Schauspielhauses, das bald durch ein größeres ersetzt wurde.

Nachdem dieses abgebrannt war, kam ein weiterer Friedrich ins Spiel, Karl Friedrich Schinkel nämlich, der 1821 ein neues Theater baute. Und vor diesem thront ein weiterer Namensvetter: Friedrich Schiller, der hier zu seinem 100. Geburtstag im Jahr 1859 ein Denkmal erhielt. Aussicht auf das Friedrich-Gesamtkunstwerk hat man von den zahlreichen Cafés und Restaurants rund um den Platz oder auch von der Kuppel

Aufgeklappte Ansicht – eigentlich liegen die drei imposanten Bauten auf einer Achse

des Französischen Doms aus. Von dort oben lässt sich sowohl das Ensemble Gendarmenmarkt in voller Pracht bewundern, als auch der Weitblick über Berlin genießen. Ein besonderes Erlebnis: An einem Wochenende im Juli findet das Festival *Classic Open Air* statt. Dann wird der Platz zur märchenhaft illuminierten Freiluft-Bühne, auf der Meisterwerke europäischer Klassik, Filmmusik und Opernprogramm erklingen.

Wer nach soviel Pracht Lust auf Ausflüge in höchst unterschiedliche historische Zusammenhänge bekommen hat, sollte sich sowohl den Französischen, als auch den Deutschen Dom von innen ansehen. Im Deutschen Dom gibt es eine Übersicht über die Entwicklung der bundesdeutschen Demokratie. Im Französischen Dom ist das Hugenottenmuseum untergebracht, das die Geschichte der französischen Emigration nach Berlin erzählt.

Nach so viel geistigem Input kann man natürlich zur Stärkung eines der renommierten Restaurants am Platz aufsuchen. Oder sich ein paar Ecken weiter zu Cocktails und karibischem Essen erholen. Das unscheinbare, kleine Lokal *Johnny's Bar* ist beinahe noch ein Geheimtipp. Danach ist man vielleicht auch noch in der Lage, sich in den touristischen Rummel rund um den Checkpoint Charlie, das Mauermuseum und das Mauer-Panorama des Künstlers Yadegar Asisi zu stürzen.

Gendarmenmarkt | U-Bahnhof Stadtmitte

Ganz in der Nähe

Classic Open Air Festival | www.classicopenair.de

Johnny's Bar | Zimmerstraße 12 | 10969 Berlin | Tel. (0 30) 63 96 61 90 | Mo–Do 10–19, Fr/Sa 10–22, So 11–19 Uhr

asisi Panorama Berlin | Checkpoint Charlie | Friedrichstraße 205 | www.asisi.de | Tgl. 10–18 Uhr

Romantik-Punkte ❤ ❤ ♡

18 Grunewaldturm & Havelstrand
Ausflug entlang der Havelchaussee

Die Havelchaussee führt kurvenreich durch den Grunewald und stößt dabei immer wieder ans Wasser. Hier ist das Ufer nicht von Privatgrundstücken verbaut und lädt immer wieder zum Baden ein. Mitten im Forst, rund um die Halbinsel Schildhorn, befindet sich zudem eine Reihe lauschiger, sehenswerter Orte.

Der Grunewald, ursprünglich ein fürstliches Jagdgebiet, zählt seit dem Beginn des 20. Jahrhunderts zu den beliebtesten Naherholungsgebieten Westberlins. Dass Berlin diese 3000 Hektar Forst von nahezu allen Seiten umschließt, kann man auf einem Spaziergang unter den hohen Fichten, die von schlanken Birken und eigens angesiedelten, anderen Laubbäumen durchbrochen werden, schon mal vergessen. Ein gleichmäßiges Wegesystem führt kreuz und quer durch den Forst, die Kette der Grunewaldseen zieht sich hindurch. Aus den Baumwipfeln heraus ragt 120 Meter hoch der Teufelsberg – ein Trümmerberg.

Bei der Anreise mit dem Pkw ist zu beachten: Die Zufahrtsstraße von Wannsee/Nikolassee ist zwischen 0 und 6 Uhr gesperrt. Mit dem Fahrrad lässt sich das Gebiet gut erkunden, ein paar Steigungen sollte man dabei verkraften können. Der Bus 218 verkehrt auf der Strecke zwischen dem S-Bahnhof Wannsee und dem U-Bahnhof Theodor-Heuss-Platz.

Fährt man von Süden auf die Havelchaussee, nimmt man als Autofahrer die Avus-Abfahrt Spanische Allee. Durch den Wald geht es ans Ostufer der Havel, abseits der Straße liegen einige schöne Sandbuchten. Knapp 5 Kilometer sind es bis zum ziegelroten Grunewaldturm. Er thront auf einer 79 Meter hohen Erhebung, die sich stolz *Karlsberg* nennt, der Turm fügt dem noch einmal 56 Meter hinzu. Die über 204 Stufen zu erklimmende Aussichtsplattform liegt in 35 Meter Höhe. Wetterfest vergittert, ist das Plateau in alle vier Richtungen offen und entlohnt das vorangegangene Kraxeln mit einem spektakulären Rundum-Panorama: Man blickt auf die unzähligen, immergrünen Wipfel des Grunewalds, erahnt am Horizont das Olympiastadion im Norden und den Wannsee im Süden, die Havel erstreckt sich im Westen und im Osten ist die blaue Silhouette Berlins zu sehen. Der Grunewaldturm wurde im Auftrag der Gemeinde Teltow anlässlich des 100. Geburtstags von Kaiser Willhelm I. erbaut und 1898 fertiggestellt. Im Sinne der märkischen Backsteingotik ist er mit Türmchen und spitzgiebeligen Fenstern verziert. Im Fuß befindet sich ein Café mit Seeblick und Terrasse, aber leider begrenztem Charme. Alternativ bietet sich das *Waldhaus* gegenüber an. Oder, ausgesprochen hübsch am Yachthafen gelegen, das *Wirtshaus Schildhorn*, das man auf der Havelchaussee etwas weiter nördlich passiert.

Wer vom Grunewaldturm aus zu Fuß gehen möchte, der kann auf dem Havel-Höhenweg, der immer am Wasser entlangführt, gute zwei Kilometer zur Spitze der Landzunge *Schildhorn* spazieren. Unterwegs tun sich verschiedene, lauschige Buchten zum Baden auf, immer wieder öffnet sich der Blick auf die gegenüberliegende Gemeinde Gatow.

Am Schildhorn erinnert die Stülersche Schildhornsäule an die Jaczo-Sage: Der Wendenfürst floh 1157 durch die Havel und erreichte das Ufer nur mit letzter Kraft und unter feurigem Bekenntnis zum Christentum. Bevor er sich, an Land gelangt, zum Beten niederwarf, hängte er sein Schild und sein Horn an einen Baum – der Name für die →

Königliche Aussicht, kaiserliches Geschenk: der imposante Grunewaldturm

KOENIG WILHELM I
ZUM GEDAECHTNISS

← Landzunge war geboren. Das Denkmal entstand 1845 im Auftrag Friedrich Wilhelms IV. im Rahmen seiner romantisch-sakralen Gestaltung der Landschaft entlang der Havel (↪ Seite 48).

Verbleibt man hingegen am Grunewaldturm auf der Havelchaussee, geht kurz vor dem Erreichen der Landzunge rechts der Schildhornweg ab. Der Selbstmörderfriedhof ist hier ausgeschildert (der Bus hält direkt am Abzweig). Es geht vielleicht 100 Meter geradeaus und dann noch einmal links ab, vorbei an einem hohlen Stamm voller Spechtlöcher gelangt man zum Eingang des Friedhofs, der längst nicht nur Selbstmörder beherbergt, sondern auch Opfer der Weltkriege. Auch Berliner, die sich dem Forst besonders verbunden fühlten und die Abgeschiedenheit und Ruhe des verwunschenen Ortes schätzten, liegen hier begraben. Die berühmteste Persönlichkeit ist Nico, Sängerin von *The Velvet Underground* und Warhol-Muse, die samt ihrer Mutter hier versteckt zwischen Tannenschößlingen ruht, eine Rotweinflasche auf dem Grabstein. Zwar verunfallte sie 1988 auf Ibiza, hatte aber schon Jahrzehnte zuvor diese Ruhestätte ausgewählt. Noch ein paar andere halbwegs prominente Namen sind auf den Grabsteinen zu finden, darunter der Schriftsteller Clemens Laar und der Rundfunksprecher Götz Clarén.

Ursprünglich aber entstand der Friedhof aus dem Umstand heraus, dass, wer immer (sich) in die Havel stürzte, strömungsbedingt am Schildhorn angespült wurde. Da die kirchlich geführten Friedhöfe den Selbstmördern nicht offen standen, begruben die Angehörigen sie hier im Wald. Beispielsweise finden sich auch die Gräber fünf zarentreuer Russen, die sich aus Verzweiflung über die Oktoberrevolution ertränkten. Erst mit der Zeit wurde die Begräbnisstätte standesgemäß eingefriedet und ein städtischer Friedhof daraus. Vielleicht verleiht das Bewusstsein des gehäuften Freitods dem Ort leicht morbiden Charakter. Dennoch ist er ausgesprochen idyllisch.

Zurück zur Havelchaussee: Direkt am Schildhorn liegt das charmante Anwesen vom *Wirtshaus Schildhorn*, das neben einer Sommerterrasse am Wasser auch einen eleganten, historischen Festsaal aus dem Jahr 1889 bietet, der sich auch vorzüglich als Hochzeitslocation eignet.

Wo von der Havel der Stößensee abzweigt, liegt nicht nur ein Seglerhafen, sondern auch das 35 Meter lange Schiff *Alte Liebe*. Das Baujahr 1912 entspricht dem der Titanic, der schmucke weiße Dampfer war allerdings seetüchtiger – da es auf der Elbe keine Eisberge gibt, war er bis Mitte der 1960er Jahre als ein Fährschiff unterwegs, pendelte unter dem Namen *Godeffroy* zwischen Hamburg und Helgoland. Nun liegt das Schiff am Havelufer vor Anker, ausgestattet mit Messing und Mahagoni ist es ein zünftiges Ausflugslokal mit Seeblick und Seafood. Auf dem Achterdeck kann man sommers herrlich im Freien sitzen und stimmungsvoll gen Sonnenuntergang blicken.

Grunewaldturm | Havelchaussee 61 | 14193 Berlin | S-Bahnhof Wannsee, dann Bus 218 bis Grunewaldturm

Dinieren an der Havel

Schiffsrestaurant Alte Liebe | Havelchaussee 107 | Tel. (0 30) 3 04 82 58 | Do–So 12–19 Uhr

Wirtshaus Schildhorn | Straße am Schildhorn 4a | Tel. (0 30) 30 88 35 00 | www.wirtshaus-schildhorn-berlin.de

Oben: An der Havel gibt es viele lauschige Badestellen
Unten: Alte Liebe rostet nicht – das historische Schiff ist heute ein beliebtes Lokal

19 Haus Schwarzenberg
Liebenswerter Hinterhof

An der Kreuzung der Rosenthaler Straße öffnet sich das Portal zu den Hackeschen Höfen. In den teils bunt gekachelten Jugendstilhöfen existieren Theater, Kino, Galerien, Restaurants, Geschäfte und Wohnungen friedlich nebeneinander. Im mittleren Hof findet man eine Abzweigung zu den Rosenhöfen, ebefalls voller Geschäfte. Der Hinterausgang führt zur Sophienstraße (→ Seite 110).

Oder wieder zur Rosenthaler Straße. Gleich das nächste Tor führt in eine vollkommen andere Welt. Oft stauen sich staunende Menschen in der Durchfahrt. Auf dem Weg durch die beiden folgenden Hinterhöfe muss man Führungen lauschende Schulklassen durchpflügen und allerlei internationales, in Betrachtung versunkenes Volk beiseite schieben. Die beiden fesselnden Gründe: drei kleine Museen zur jüdischen Vergangenheit des Viertels und das Gesamtprojekt *Haus Schwarzenberg*, ein Biotop der Berliner Subkultur seit Mitte der 1990er Jahre.

Letzteres ist zunächst einmal sichtbarer: Der lange, enge Hof ist von einer Rohheit, die rundherum wegsaniert wurde. Seine Wände sind gepflastert mit Streetart vom Mini-Stencil bis zum Riesen-Wandbild. Hintergrundgeräusche sind die unablässig klickenden Kameras, ein gigantischer Affe auf einem Wandbild richtet den Fotoapparat zurück auf die Besucher. Trotz dieser touristischen Invasion und sicherlich auch mit deren konsumierender Unterstützung haben die Künstler und Gastronomen hier über 20 Jahre ihren Stil am Leben gehalten. Wenn man an einem Tisch der Bar *Eschloraque* bei Kaffee unterm Sonnenschirm sitzt, ist die heutige Berliner Mitte wirklich weit weg.

Auch das Treppenhaus zum Buchladen der Galerie *neurotitan* ist voll fotografierender, menschlicher Hindernisse, die Wände hier sind nämlich noch dichter mit Zeichnungen geschmückt als draußen. Drinnen gibt es eine Fundgrube Berliner Comicliteratur und Auflagenwerke. Daran angeschlossen die Galerie, die Kunst aus dem Umfeld von elektronischer Musik und Comic ausstellt.

Besuchermagnet für diesen Hof sind auch die drei ansässigen Museen: Das *Anne Frank Zentrum* wendet sich mit einer Ausstellung zur Geschichte des Tagebuchs vor allem an Schüler und Jugendliche. Die Gedenkstätte *Stille Helden* erinnert an die Helfer der untergetauchten Juden im Dritten Reich. Und die *Blindenwerkstatt Otto Weidt* ist der historische Ort der Bürstenfabrik, in der unzählige Juden vor der Verfolgung verborgen wurden.

Aus diesem Grund werden hier so viele Führungen durch das Scheunenviertel angeboten: Rund um den Hackeschen Markt lag bis zum Dritten Reich das Zentrum des jüdischen Lebens in Berlin mit rund 300 Einrichtungen. Ein wichtiges Baudenkmal, das heute noch daran erinnert, ist die Neue Synagoge in der Oranienburger Straße.

Haus Schwarzenberg | Rosenthaler Straße 39 | 10178 Berlin | Tel. (0 30) 30 87 25 73 | www.haus-schwarzenberg.org | S-Bahnhof Hackescher Markt

Sehenswertes im Innenhof

Anne Frank Zentrum | Tel. (0 30) 28 59 94 07 | www.annefrank.de | Di–So 10–18 Uhr

neurotitan shop & gallery | Tel. (0 30) 30 87 25 76 | www.neurotitan.de | Mo–Sa 12–20 Uhr

Oben: Schon am Eingang vom Haus Schwarzenberg wird klar: Hier geht's leger zu
Unten: Das berühmte Bild von Anne Frank am Eingang des gleichnamigen Museums

20 Heilandskirche Sacrow

Blau geringelte Romantik

Einer der schönsten und magischsten Orte im Berliner Umland ist die Heilandskirche in Sacrow. Sie ist eingebettet in die Potsdam-Glienicker Gartenlandschaft und in unmittelbarer Nähe beliebter Ausflugsziele.

Unweit von Pfaueninsel, Grunewald und Wannsee liegt das Kirchlein an einer stillen Uferlinie. Man sieht von hier aus hinüber zum Volkspark Klein Glienicke und zur Glienicker Brücke. Der Sakralbau mutet wie ein Schiff an, das gerade im Begriff ist, in See zu stechen. Der dem Wasser zugewandte Turm über der Apsis und die Spiegelungen des Bauwerks mit seinem Säulengang im Wasser verstärken diesen Eindruck noch. Dies beabsichtigte der als Romantiker bekannte, im Jahr 1844 amtierende König Friedrich Wilhelm IV. durchaus, als er die Zeichnungen anfertigte. Nach ihnen arbeitete sein Hofarchitekt, der Schinkel-Schüler Ludwig Perseus, im Geiste des romantischen Klassizismus die Pläne für das Kirchlein aus.

Die Havelbucht hatte zuvor als Zuflucht der Fischer gedient. Beseelt vom Gedanken, einen symbolischen Hafen für die Gläubigen zu schaffen, orientierte sich Friedrich Wilhelm IV. beim Entwurf an der Einfachheit: Er bewunderte den Zusammenhalt frühchristlicher Gemeinden und wünschte deshalb eine an deren Kirchen angelehnte Bauart, eine Halle mit einer flachen Deckenkonstruktion. Durch den Säulengang, der rund um die Kirche führt, entsteht trotzdem der Eindruck einer dreischiffigen Basilika. Durch die

Wie im Märchen: Die Heilandskirche scheint über dem Wasser zu schweben, …

gelbliche Farbgebung der Fassade und durch die Dachneigung wird gleichzeitig an einen antiken Tempel erinnert. Zugleich wird die Fassade durch Streifen aus blauen Fliesen aufgelockert, sodass die Kirche ungemein zierlich wirkt.

Neben der Kirche befindet sich der 23,5 Meter hohe Glockenturm mit gleichem Muster und Bronzeglocke aus dem frühen 15. Jahrhundert, die aus einem Vorgängerbau zu stammen scheint. Von diesem Turm aus gelang im Jahr 1897 erstmals eine Funkverbindung zum gegenüberliegenden Ufer mittels einer Antennenanlage, eine Gedenktafel erinnert daran.

Kaum zu glauben, dass dieses hübsche Kleinod, das damals wie heute ein unwirklicher Ort der Stille ist, jahrzehntelang vom innerdeutschen Grenzverlauf blockiert wurde. Randalierende Grenzsoldaten taten im Jahr 1961 ein Übriges und zerstörten den Innenraum der Kirche derart, dass eine genaue Rekonstruktion nach Grenzöffnung unmöglich war. Der Altartisch wurde durch einen ähnlichen ersetzt, auch die Konsolen der Apostelfiguren sowie deren Reihenfolge mussten improvisiert werden. Besonderes Glanzstück: die nachgebaute Orgel, die durch eine Spendenaktion realisiert werden konnte. Weitere Schmuckstücke der Kirche sind ein Christus-Fresco in der Apsis und die Kassettendecke mit gelben Sternen auf blauem Grund. Um die volle Schönheit der Heilandskirche vom Wasser aus zu genießen, empfiehlt sich eine Haveltour von Wannsee oder Potsdam aus.

Heilandskirche | Fährstraße | 14469 Potsdam-Sacrow | Jan./Feb., Nov./Dez. Sa/So/Fei 10–15 Uhr, März/Apr., Sep./Okt. Di–So 10–15.30 Uhr, Mai–Aug. Di–So 10–16 Uhr | Ab Potsdam Bus 612 bis Schloss Sacrow

Weitere Tipps

Restaurant zum Sacrower See | Weinmeisterweg 1 | Tel. (03 31) 50 38 55 | Apr.–Okt. tgl. 11.30–22 Uhr, Nov.-März Montag Ruhetag

... sie ist eingebettet in die Potsdam-Glienicker Gartenlandschaft

21 Helmholtzplatz
Die Leichtigkeit des Seins zelebrieren

Am Helmholtzplatz tummeln sich Scharen von Flaneuren, Touris, Studenten, Familien. Den Rahmen des quirligen Treibens bilden zahlreiche Szenelokale – also einen der heiß begehrten Stühle dort schnappen und Beobachtungsposten beziehen!

Nördlich der Danziger Straße liegt das so genannte LSD-Viertel. So heißt die Gegend nicht nur wegen der Anfangsbuchstaben der angrenzenden Lychener, Schliemann- und Dunckerstraße, sondern auch wegen der alternativen Szene, die sich schon vor 1989 in dem Kiez ansiedelte. Heute ist es ein Viertel mit Lebensqualität: viele kleine Geschäfte, Cafés, Spielmöglichkeiten.

Jahrzehntelang war die Gegend verfallen. Doch die vernachlässigten Altbauten zogen viele Künstler und Oppositionelle der DDR an. Nach der Wende wurde das Gebiet zum größten Sanierungsgebiet Europas erklärt und der Verfall wich nach und nach der schönen neuen Welt. Eine neue Szene eroberte das Gebiet, über das Wort „Gentrifizierung" debattiert man inzwischen bundesweit.

Das Herz des Viertels ist zum einen die Stargarder Straße. Von der Schönhauser Allee kommend, stößt man bald auf die Gethsemanekirche, die Ende des 19. Jahrhunderts von August Orth erbaut wurde. Bekannt wurde sie als ein Schauplatz der friedlichen Revolution in der DDR, hier fanden Mahnwachen gegen die Inhaftierung Oppositioneller aus Kirchen- und Friedenskreisen statt. Diese Ereignisse wurden zu einem entscheidenden Ausgangspunkt für das Ende der DDR.

Im Sommer ist das Bild der Straße von Erwachsenen und Kindern geprägt, die Schlange stehen: Die Eisdielen-Dichte in der Stargarder ist sehr hoch. Auch sonst lässt sich in dieser lebendigen Straße viel entdecken, wenn man sie Richtung Osten spaziert. Antiquitätenläden, Restaurants und Cafés sowie Design- und Modelläden laden zum Schlendern ein.

Müde gelaufen? Dann bitte südlich halten. Der Helmholtzplatz, das ist *Sommer vorm Balkon* – der Film von Andreas Dresen wurde 2005 im Haus Raumer-, Ecke Dunckerstraße gedreht. Wer ihn kennt, findet vor Ort die entsprechende Atmosphäre und den gleichen Mix aus Läden und Cafés. Ein Platz zum Spielen und Spielen lassen und damit ein Paradies für die zahlreichen Kinder des Prenzlauer Berges. Unter hohen Bäumen finden sich Spiel- und Sportplätze, eine Liegewiese und Tischtennisplatten. Hier entspannt eine internationale Nachbarschaft, viele Touristen und auch eine Trinkerszene in friedlichem Nebeneinander. Im ehemaligen Trafohaus in der Platzmitte befindet sich das *Kiezkind*, ein Kleinkind-Spielcafé mit Indoor-Sandkasten und leckerer Nervennahrung für Groß und Klein. Empfehlenswert ist auch der Besuch der Museumswohnung in der Dunckerstraße 77 – hier kann man sehen, wie die einfachen Familien Ende des 19. Jahrhunderts lebten.

Helmholtzplatz | S-Bahnhof Prenzlauer Allee

Weitere Tipps

Kiezkind | Auf dem Helmholtzplatz 1 | 10437 Berlin | Tel. (0 30) 40 05 78 50 | www.mein-kiezkind.de | Apr.–Okt. tgl. 9–19 Uhr, Nov.–Feb. Mo–Fr 12–18, Sa/So 10–18 Uhr, März Mo–Fr 12–19, Sa/So 10–19 Uhr

Eisclub | Lettestraße 6 | Tel. (0 30) 22 39 11 46

Oben: Diese eiskalten Engel finden sich in der Lettestraße
Unten: Grünes Herz des Viertels ist der Helmholtzplatz

Romantik-Punkte ❤❤♡

22 Kastanienallee & Prater Garten
Das Herz des Prenzlauer Bergs

Die Kastanienallee hält, was der Name verspricht: Eine Reihe dicht belaubter Bäume zur Straßenseite hin, eine Reihe trendiger Lokale und Boutiquen zur anderen. Dazwischen: die populärste Flaniermeile in Prenzlauer Berg.

Der Prenzlauer Berg ist nicht nur beliebte Gegend zum Wohnen und Ausspannen auf beschaulichen Plätzen, sondern auch von jeher ein umtriebiges Viertel der Handwerker und Künstler. In der auch überregional bekannten Straße Kastanienallee brummt die junge Berliner Szene mit unzähligen kleinen Bars, Clubs, Mode- und Plattenläden.

Bereits bevor die Bebauung an der Kastanienallee entlang den Hügel hinaufgewandert war, etablierte sich an ihrem nördlichen Ende die Ausflugsgaststätte im *Prater Garten*, die bis heute besteht. Das Areal beherbergt neben dem Biergarten und der Gaststätte eine Spielstätte der *Volksbühne*, auch das hat Tradition.

In der Verlängerung des Weinbergweges am Rosenthaler Platz führt die Kastanienallee diagonal von Mitte aus nach Prenzlauer Berg bis zur großen Kreuzung mit Schönhauser Allee, Eberswalder und Danziger Straße sowie der Pappelallee. Wer an diesem, ihrem nördlichen Ende einzig eine große, unübersichtliche Kreuzung erkennen kann, liegt nicht ganz richtig: Wo sechs Richtungen aufeinander prallen, sieht der Ostberliner mit feuchten Augen einen ebenso historisch wie lebensqualitativ bedeutsamen Ort. Mit Recht – Lauschigkeit kann auch mal laut sein und dem Rhythmus der Ampelschaltungen unterliegen.

Der bestimmt zum Beispiel, in welchem Takt die Passanten an *Konnopke's Imbiss* vorbeiströmen. Auf dem Mittelstreifen der Schönhauser Allee, unter der Hochbahn, wird seit mehr als 75 Jahren Wurst gebraten. 1960 brachte Sohn Günter die Currywurst nach Ostberlin und *Konnopke's* den endgültigen Erfolg. Seitdem genießt der kleine Imbiss Kultstatus. Der Besuch gehört fast zum Pflichtprogramm für Alt- und Neuberliner, Durchreisende, Urlauber – ja eigentlich für jeden, der sich gerade in der Ecke aufhält und deftiges Essen mag, wahlweise in 4 Schärfegraden.

Die gelben Züge der U-Bahn fahren hier auf Höhe des ersten Stocks über ein grün-eisernes Viadukt. Der nördliche Bereich der Kreuzung wurde im gleichnamigen Defa-Film zur sprichwörtlichen *Berlin – Ecke Schönhauser* von 1957 zum Treffpunkt einer Gruppe Jugendlicher, die mit den eigenen Lebensumständen und der geteilten Stadt zu kämpfen haben. Im Film wird die Uhr auf der Verkehrsinsel zerworfen oder sich in der *Prater*-Gaststätte sehenswert geprügelt.

Noch mehr Filmgeschichte: Auf dem Bürgersteig an der Kastanienallee ist ein Schriftzug eingelassen, mit dem der Berliner Künstler Manfred Butzmann an die Brüder Skladanowsky erinnert. Max als Entwickler des Bioscops und Emil als Darsteller machten im Dachboden-Atelier im Eckhaus 1892 die ersten deutschen Filmaufnahmen. Jahre, in denen sie kleine Szenen aufnahmen, folgten. Auf dem Markt setzte sich jedoch der Cinématograph der Gebrüder Lumière durch. Hier werden die Errungenschaften der beiden nun zumindest im Kleinen gewürdigt.

Nun aber zurück zur Kastanienallee: Nahe der Kreuzung wurde bereits 1837 Bier und Kaffee ausgeschenkt. Der Eingang in der Baulücke verspricht recht unspektakulär den *Prater Garten* zwischen zwei Zäunchen. Doch hinter der ersten Häu- →

Kastanienallee, Ecke Oderberger Straße – in diesem Kiez werden Trends gesetzt

Oderberger Straße
Gehweg-
schäden

← serzeile öffnet sich das Grundstück. Hier sitzt man auf weißem Kies unter grünen Kastanienkronen und zwischen etwa 600 anderen. Die Stimmen werden von den Brandschutzmauern der umliegenden Häuser zurückgeworfen und der Zigarettenrauch hängt im Laub, die Freiluftkneipe ist ein pulsierender, magischer Ort.

Im 19. Jahrhundert erfreute man außer mit Bier und Kaffee die Besucher der Freizeit- und Vergnügungsgaststätte mit einem abwechslungsreichen Varieté- und Volkstheaterprogramm. Unter den Veranstaltungen im 1905 eröffneten Festsaal waren auch Kundgebungen der Arbeiterbewegungen mit Rednerinnen und Rednern wie Clara Zetkin, Rosa Luxemburg und August Bebel.

Seit den 1920er Jahren bestimmte das Kino den Kulturbetrieb im *Prater*, nach dem Zweiten Weltkrieg zog dazu die *Volksbühne* ein, während deren Haus am Rosa-Luxemburg-Platz wieder aufgebaut wurde. Die DDR überdauerte der Betrieb als Kreiskulturhaus, in dem sich die Kunst- und Kulturszene Ostberlins traf. Nach der Wende zog in den Theatersaal des *Praters* irgendwann wieder die *Volksbühne* ein.

Heute ist der *Prater*, was er von jeher war: Ein Ort, an dem man gemütlich ein Bier trinken kann, Sommers im Garten unter Kastanien, rund ums Jahr in der großen, gutbürgerlichen Gaststube, dem denkmalgeschützten Festsaal. Die alten Kino-Schautafeln kündigen heute hochwertiges Theater im Gebäude an der Straße an. Überbleibsel aus den Tagen als Kreiskulturhaus ist die kommunale *Galerie im Prater,* ein Ausstellungsort für zeitgenössische Kunst, der nach seiner Sanierung voraussichtlich 2016 wieder die Türen öffnet.

An diesem umtriebigen Ort kann der Zug durch die Kastanienallee beginnen oder enden. Anziehungspunkte an der Flaniermeile, auf der die Modetrends der Republik gescoutet werden, sind beispielsweise das *Café Schwarz-Sauer*, seit Jahren Tummelplatz der Szene, oder das winzige *Lichtblick-Kino* mit durchaus anspruchsvollem

Die Oderberger Straße ist gesäumt mit schönen Cafés

Programm, dazu unzählige andere, große und kleine, alteingesessene und immer wieder neu eröffnende Kneipen und Läden.

Modeläden heißen hier *Eisdieler* oder *mia lou* und bieten originalen Prenzlauer-Berg-Schick. Designer präsentieren in kleinen, oft temporären Ladenprojekten neue Produkte oder recycelte Kleidungsstücke. Dazwischen tummeln sich originelle Cafés, Restaurants, Frisöre und ein gut sortierter Späti. Letzterer versorgt auch nachts die Flaneure mit unverzichtbaren Lebensmitteln wie Alkoholika, Schokolade und Rauchwaren.

Irgendwann ist die Kastanienallee dem Namen nach zu Ende, man befindet sich vor der *103 Bar*, ebenfalls ein beliebter und schöner Szene-Treff. Die Straße wird nun etwas abschüssiger, heißt jetzt Weinbergsweg und rechts liegt der kleine Weinbergspark. Nun hat man die Wahl: Geht man hinab nach Mitte, vielleicht nach einem Nickerchen unter den Parkbäumen oder einer Einkehr im blitzblanken Schweizer Restaurant *Nola's am Weinberg* im dazugehörigen Pavillon? Oder kehrt man um, geht wieder gen Prenzlauer Berg und sieht sich die andere Straßenseite auch noch an? Dann biegt man vielleicht diesmal in die Oderberger Straße ein, die die Schönhauser Allee mit dem Mauerpark verbindet und der Kastanienallee weder in Sachen Heimeligkeit, noch im Bezug auf die Mischung zwischen altem Kiez und jugendlicher Betriebsamkeit nachsteht.

Kastanienallee | U-Bahnhof Eberswalder Straße

Einkehren

Prater Garten Berlin | Kastanienallee 7–9 | 10435 Berlin | Tel. (0 30) 4 48 56 88 | www.pratergarten.de | Mo–Sa ab 18 Uhr, So ab 12 Uhr | Biergarten: Apr.–Sep. tgl. ab 12 Uhr

Café Schwarz-Sauer | Kastanienallee 13 | Tgl. ab 8 Uhr

Kauf dich glücklich | Oderberger Straße 44 | Tel. (0 30) 48 62 32 92 | Tgl. 10–1 Uhr

Im Sommer so beliebt wie der Wiener Namensvetter: der Berliner Prater

23 Kino International & Karl-Marx-Allee
Besuch beim Zuckerbäcker

Mit einsetzendem Zwielicht wird aus der Allee ein prachtvolles Stadtpanorama. Dann kann man von jeder Bank an der Straße unvergleichliche Sichtachsen entdecken, über denen die leuchtende Kugel des Fernsehturms schwebt. Aus den sozialistischen Bauten werden malerische Paläste, Retro-Charme inbegriffen.

Bei Tageslicht betrachtet ist die Karl-Marx-Allee ein Boulevard von monumentaler Kühle – aber ein einzigartiges Freilichtmuseum der Architektur des sozialistischen Realismus, das in den 1950er Jahren gebaut wurde. Historisches Detail: Die Arbeiter dieser Großbaustelle waren es, die den Aufstand des 17. Juni 1953 begannen, der die DDR erschütterte, aber blutig niedergeschlagen wurde. Eine Ausstellung zur Geschichte der Karl-Marx-Allee und ihrer Bewohner zeigt das *Café Sibylle*.

In den sieben- bis neungeschossigen Bauten, deren Neoklassizismus eng verwandt mit ähnlichen Gebäuden in St. Petersburg oder Moskau ist, leben bis heute viele ehemals linientreue DDR-Bürger, die bereits bei der Erstvergabe der begehrten, weil komfortablen Wohnungen berücksichtigt wurden. Auch verdiente Intellektuelle wurden hier untergebracht.

Neben dem, was gerne „stalinistischer Zuckerbäckerstil" genannt wird, brachten die Architekten auch typische Berliner Elemente ein, machten Anleihen bei Schinkel und nahmen mit den Turmbauten am Frankfurter Tor die Formen der Türme des Deutschen und des Französischen Doms am Gendarmenmarkt auf. Die klassizistische Art der Bebauung findet sich zwischen Frankfurter Tor und Strausberger Platz. Doch auch nach Westen hin setzt sich die Prachtstraße fort bis zum Alexanderplatz, allerdings ist dort die Bebauung wesentlich schlichter. Dennoch finden sich in diesem Abschnitt, der 1965 fertiggestellt wurde, zwei sehr markante Gebäude, in denen der Geist der 1960er Jahre fortlebt.

Da die Karl-Marx-Allee ihre volle Pracht vor allem nachts entfaltet, ist der Hinweis auf einen fälligen Kinobesuch hier keineswegs fehl am Platz. Das *Kino International* stammt aus dem Jahr 1963 und sieht aus wie ein riesiger Sandsteinquader, der auf einem zu kleinen Erdgeschoss gelandet ist – hinter der riesigen Fensterfront befindet sich eine original eingerichtete Bar mit Ausblick über die Karl-Marx-Allee. Im Kinosaal ist eine futuristische Deckenkonstruktion dem optimalen Klang geschuldet. Die großen Filmplakate an der Fassade sind handgemalt.

Direkt gegenüber findet sich das *Cafe Moskau*. Es besteht aus großen, lichtdurchfluteten Räumen, die verschiedenen russischen Regionen gewidmet sind und kann für Veranstaltungen genutzt werden. Nebenan steht der dazugehörige Pavillon, in dem eine wunderschöne, schlichte Bar untergebracht ist. Ein Tipp für milde Sommerabende.

Kino International | Karl-Marx-Allee 33 | 10178 Berlin | Tel. (0 30) 24 75 60 11 | www.kino-international.com | U-Bahnhof Schillingstraße

Weitere Tipps

Cafe Moskau | Karl-Marx-Allee 34 | Tel. (0 30) 44 67 82 22

Café Sibylle | Karl-Marx-Allee 72 | Tel. (0 30) 29 35 22 03 | Mo–Sa 9–22, So 12–22 Uhr

Oben: Kronleuchter und rote Sessel – das Kino International pflegt die Ostmoderne
Unten: Die Karl-Marx-Allee führt vom Frankfurter Tor bis zum Alex

24 Klosterviertel & Ermelerhaus
Zeitreise von der Gotik ins Rokoko

Etwas abseits vom pulsierenden Leben rund um den Fernsehturm befindet sich die Ruine der Franziskaner-Klosterkirche an einem geradezu verlassenen Ort – und doch mitten im Zentrum. Doch nicht nur die verwunschene Ruine, auch das gesamte Klosterviertel will als historisches Juwel von Romantikern entdeckt werden.

Die Ruine der Klosterkirche gehört zu den Überresten des ursprünglichen Berlins, das zusammen mit dem auf der anderen Seite der Spree gelegenen Cölln die Keimzelle der Stadt war.

Von Bäumen umstanden, ragen die hohen Mauern des Kirchenschiffs in den Himmel, die schlanken, gotischen Fenster sind ohne Glas und das Dach fehlt – der Kloster-Komplex, der die Kirche umgab, fiel wie so vieles in dieser Gegend dem Zweiten Weltkrieg zum Opfer.

An dieser Stelle wurde um 1250 eine Feldsteinkirche gebaut, die Ziegel des Gebäudes, das heute noch zu sehen ist, wurden im späten 13. und im 14. Jahrhundert in einer klostereigenen Ziegelei gebrannt, die sich nahe des Kreuzbergs befand. Bis zur Reformation lebten hier Mönche des Franziskanerordens, im 16. Jahrhundert wurde in den Mauern das Berlinische Gymnasium *Zum grauen Kloster* eröffnet, das erst seit der Zerstörung des Gebäudes im Westteil der Stadt untergebracht ist.

Wenn man nun im Skelett des Kirchenschiffs steht und durch die leeren Fenster auf die Kugel des Fernsehturms schaut, kann man sich vergegenwärtigen, dass einst ein rotznasiger Carl Friedrich Schinkel oder ein pubertierender Otto von Bismarck hier im Schulgottesdienst saßen. Turnvater Jahn erlebte die Schule sowohl als Schüler als auch als Lehrer. Das Schulgebäude stand dort, wo heute die breite Grunerstraße verläuft. Ein Förderverein bespielt die Ruine im Sommer mit einem abwechslungsreichen Programm aus Konzerten, Theateraufführungen und Kunstausstellungen unter freiem Himmel.

Neben der originalen Gotik prangt die Neo-Version im Geist des Klassizismus, versehen mit einer Prise Jugendstil: Auch auf dem Nachbargrundstück winkt die Historie. Das Gerichtsgebäude an der Littenstraße war zu seiner Bauzeit rund um die Jahrhundertwende zum 20. Jahrhundert das zweitgrößte Gebäude Berlins nach dem Stadtschloss.

Durch die hinter der Klosterkirche gelegene Grünanlage erreicht man einen kleinen Weg, der einen parallel zur Littenstraße und entlang der alten Berliner Stadtmauer zur Waisenstraße führt. Eines der dort erhaltenen vier Bürgerhäuser ist das Gasthaus *Zur letzten Instanz*, das seinen Namen dem nahen Gerichtsgebäude verdankt, selbst aber auf eine viel längere Geschichte zurückblickt. Seit dem 16. Jahrhundert wird hier bewirtet, und am Kachelofen soll bereits Napoleon gesessen haben. Mit Gästen wird hier zwar kein kurzer Prozess gemacht, um etwas Juristenkauderwelsch kommen sie aber nicht herum: Die Speisekarte nimmt Bezug auf den exekutiven Nachbarn und bietet vom „Beweismittel" (Weißkohlroulade) bis zur „Zeugenaussage" (Eisbein) Gutbürgerliches unter ungewöhnlichem Namen an. Selten war eine „Beleidigungs-Klage" (Krebssuppe) verlockender! Originell, bezaubernd und gutbürgerlich, doch auch von Reisebussen frequentiert.

Gegenüber liegt der friedliche Kirchhof der Parochialkirche. Auch diese Kirche ist, obwohl von außen hübsch restauriert, in weltkriegs- →

Oben: Die Ruine des Klosters ist eine Ruheoase mitten in Berlin
Unten: Das Gasthaus „Zur letzten Instanz“ blickt auf eine lange Tradition zurück

← bedingt ruinösem Zustand und wird vor allem für Kunstprojekte genutzt. In dem roh belassenen, kahlen Kirchenschiff finden aber auch wieder vereinzelt Gottesdienste statt. Die Kirche wurde Ende des 17. Jahrhunderts von Johann Arnold Nering entworfen, der auch das Herzstück des Schlosses Charlottenburg (→ Seite 102) gebaut hatte und hier den italienischen mit dem niederländischen Barock verknüpfte. Sehenswert auch die Gruft der Kirche mit den darin lagernden Sarkophagen.

Wenn man nun vor der Parochialkirche wieder auf die Klosterstraße tritt, so lohnt sich der Weg ein Stück zurück in Richtung Klosterkirche, um an der U-Bahnstation Klostertraße in die U2 zu steigen und eine Station bis zum *Märkischen Museum* zu fahren. Der Gang durchs Museum ist ein kulturhistorischer Ausflug in die Geschichte der Stadt: Eine Sammlung mittelalterlicher Skulpturen, viele Alltagsgegenstände und Modelle berichten vom vergangenen Leben seit den ersten Siedlungsspuren im Berliner Raum – von den ersten Fischerhütten im Sumpf bis zur Industrialisierung und Mauerbau.

Alternativ kann man natürlich auch zur Spree gehen, ein Stück am Rolandufer entlang spazieren und den Fluss an der denkmalgeschützten Mühlenschleuse überqueren. Das bedeutet zwar den Anblick einer Menge hoher Wohntürme und das Passieren des vielbefahrenen Mühlendamms, gleichzeitig aber auch Aussicht auf Dom und Nikolaiviertel, das älteste Wohngebiet Berlins (→ Seite 88). Nach Überqueren der Brücke führt ein Weg durch die baumbestandene Grünanlage auf der Fischerinsel – von hier aus hat man wiederum Blick auf das Rolandufer.

Egal also, ob man das Märkische Ufer auf dem Weg über die Inselbrücke erreicht oder aus der U-Bahnstation hier auftaucht: Nun erblickt man das *Ermelerhaus*. Die blitzsaubere, weiße Fassade des denkmalgeschützten Patrizierhauses leuchtet in der Häuserreihe. Das Haus stammt aus dem 16. Jahrhundert, wurde aber im 18. Jahrhundert im Geist des Rokoko ausgebaut. Damals befand sich das Gebäude noch auf der Breiten Straße, an seinen heutigen Standpunkt wurde es erst vor etwa 40 Jahren umgezogen. Gut so: Nun steht es elegant an der Friedrichsgracht und die Gäste des hauseigenen Restaurants werden in romantischer Atmosphäre zu Wasser auf einem Boot bewirtet. Apropos Romantik – das Ermelerhaus beherbergt eine Außenstelle des Standesamtes Berlin-Mitte. Für die anschließende Hochzeitsfeier stehen verschiendene Säle zur Verfügung, die mit ihren opulenten Rokokoelementen und bemalten Decken eine wahrlich traumhafte Kulisse abgeben.

Das Konzept des Hotelkomplexes, zu dem das *Ermelerhaus* nun gehört, vereint Altes mit Hochmodernem: Ein verglaster Innenhof verbindet das historische Gebäude mit einem Hotelneubau.

Klosterviertel | U-Bahnhof Klosterstraße

Einkehren & Heiraten

Gasthaus zur letzten Instanz | Waisenstraße 14–16 | 10179 Berlin | Tel. (0 30) 2 42 55 28 | www.zurletzteninstanz.de

Ermelerhaus | Märkisches Ufer 10 | Tel. (0 30) 4 00 55 76 30 | www.artotels.com/ermelerhaus

Das Rosenzimmer im Ermelerhaus, festlich hergerichtet für die nächste Trauung

25 Köpenicker Altstadt, Fischerkietz & Schloss
Hütten und Paläste entdecken

Köpenick ist eine der ältesten Siedlungen des Berliner Stadtraums und fast so alt wie der Spandauer Kolk oder das innerstädtische Berlin-Cölln. Seine, von Müggelspree und Dahme umflossene, malerische Innenstadt ist ebenso reich an Geschichten wie an Geschichte.

Nein, wir werden jetzt nicht auf die vielzitierte Mär vom trickreichen Schuhmacher und der Stadtkasse eingehen, sondern den Schritt vom durchaus sehenswerten Rathaus in der Altstadt ein paar Meter gen Wasser lenken: Zum Frauentog, einer ausgeprägten Bucht in der Dahme, an dem die historischen Gegensätze einander gegenüber liegen. Den Namen verdankt das Wasserbecken einem legendenumwobenen Fischzug („-tog"), mit dem die Köpenicker Fischersfrauen nach dem Dreißigjährigen Krieg die Hungersnot kurz mindern konnten. Am Westufer das besterhaltenste Barockschloss Berlin-Brandenburgs, im Osten die geduckten Häuser des alten Fischerkietzes.

Auf der Schlossinsel, die in die Dahme hineinragt, finden sich Spuren slawischer Besiedlung aus dem 6. Jahrhundert, schon damals stand hier eine Burg. Verschiedene Vorgängerbauten und zuletzt ein Renaissanceschloss folgten, bevor man zwischen 1677 und 1689 das jetzige Schloss baute. Über die ehemalige Zugbrücke gelangt man hinein und findet sich in einem schmucken Innenhof zwischen den frisch sanierten Schlossgebäuden. Weißgetünchte, strenge Eleganz strahlen

Auch vom anderen Dahmeufer macht das noble Schloss Köpenick eine gute Figur

die beiden Riegel aus. Direkt am Wasser stehen die Schlosskirche (damals die erste protestantische in Brandenburg) und ehemalige Wirtschaftsgebäude, rechts das Hauptgebäude, in dem sich seit den 1960er Jahren das Kunstgewerbemuseum befindet. Über 500 erlesene Exponate, darunter ganze Raumensembles aus Renaissance, Barock und Rokoko, sind hier aufgebaut.

Zum Schloss gehört auch ein Park, der heute einem englischen Landschaftsgarten nachempfunden ist. Auch hierzu gibt es die Geschichte einer mysteriös 7 000-fach blühenden Agave, die hier einst stand. Von den Wiesen aus hat man Blick auf das gegenüberliegende Ufer. Dort schreibt man „Kietz" mit tz: Die Straße gleichen Namens führt in eine andere Zeit: Hier und in der anschließenden Gartenstraße stehen winzige, einstöckige und buntgestrichene Häuser mit Satteldächern, die liebevoll restauriert und gepflegt sind. Bis zu 200 Jahre sind sie alt, der Fischerkietz selbst datiert zurück ins 15. Jahrhundert, als den Bewohnern der damals 31 Häuser das Fischereirecht „auf ewig" zugesprochen wurde.

Folgt man der Gartenstraße weiter, so trifft man auf das alte Flussbad, das von einer Nachbarschaftsinitiative liebevoll saniert wurde und nun zum benachbarten Komplex *Krokodil* gehört. Hier sitzt man bei Kaffee und Kuchen oder leckeren Gerichten hinter einer halbrunden Glasfront beziehungweise auf der Terrasse davor direkt über dem Ufer und blickt auf den Frauentog.

Köpenicker Altstadt | S-Bahnhof Köpenick

Schloss besichtigen & Kaffee trinken

Schloss Köpenick | Schlossinsel 1 | 12557 Berlin | Di–So 11–18 Uhr | Schlosscafé: Tel. (0 30) 65 01 85 85 | Mai–Sep. 10–22 Uhr, Okt.–Apr. 10–19 Uhr

Krokodil | Gartenstraße 46–48 | Tel. (0 30) 65 88 00 94 | www.der-coepenicker.de | Mo–Fr ab 16 Uhr, Sa/So ab 11 Uhr

Die bunten Häuser im Fischerkietz sind bis zu 200 Jahre alt

26 Kollwitzplatz
Markttag in einer grünen Oase

Ernst thront die „Käthe" auf dem Kollwitzplatz, ungeachtet der Dreikäsehochs, die auf ihrem Sockel herumturnen. Tagsüber gehört dieser Ort den Kindern, die sich auf zwei Spielplätzen vergnügen. Pärchen und Familien lagern beschaulich auf der Nachbarwiese. Straßenmusiker und Stand-Up-Zauberer stellen ihre Hüte auf, dazu gibt es Eis aus den Eisdielen an der Kollwitzstraße.

Die Bronze-Skulptur stammt von Gustav Seitz und erinnert an die Grafikerin und Bildhauerin Käthe Kollwitz, nach dem der Platz und die anliegende Kollwitzstraße 1947 benannt wurde. Sie wohnte zusammen mit ihrem Mann, dem Armenarzt Karl Kollwitz, dort, wo heute das Haus Nr. 56a steht. Nun muss sie nicht nur als Kletterbaum, sondern auch schon mal als Symbol für die Gentrifizierungs-Diskussion des Stadtteils herhalten und Bemalungen oder Spätzle-Attentate erdulden.

Davon unberührt schwelgt das Leben rund um den Kollwitzplatz in Müßiggang und Genusskultur. In fast jedem Haus am Platz ein Restaurant oder Café, von der Eckkneipe über Panasiatisches bis hin zu mediterraner Küche ist für jeden etwas zu finden. Wo kein Restaurant ist, ist ein Geschäft für Kleidung oder andere schöne Dinge jenseits des Mainstreams. Der einzige überregionale Markenname gehört zu einem bodenständigen Edeka-Supermarkt am Platz, in dem sich für jedes spontane Picknick das notwendige Zubehör erwerben lässt. Dazu der quirlige, samstägliche Wochenmarkt und am Donnerstag der Ökomarkt mit auch über 50 Anbietern. Die kommen erst um die Mittagszeit, damit die Erzeuger morgens noch frisch anfertigen oder ernten können.

Von hier aus ist es auch nicht weit bis zum Platz am malerischen Wasserturm nebst Wasserspeichern an der Diedenhofer und der Belforter Straße. Eine weitere, baumbestandene Oase mit besonders schönem Spielplatz im Prenzlauer Berg. Wasserturm und Wasserspeicher stammen aus der Mitte des 19. Jahrhunderts und dienten bis Anfang des 20. Jahrhunderts, der Turm sogar bis in die 1950er Jahre als solche. Auf den Wasserspeicher kann man hinaufsteigen und hat von hier aus eine prächtige Aussicht auf die Umgebung. In den Wasserspeicher kann man auch hineingehen, zum Beispiel anlässlich von Konzerten, die die ungewöhnliche Akustik der Dreifach-Gewölbe aus Backstein ausnutzen oder im Rahmen von Führungen.

Am Platz ist der Hauptsitz des Bezirksmuseums Pankow. Neben dem Archiv werden hier wechselnde Ausstellungen gezeigt, die die Entwicklung des Stadtteils auch anhand vieler persönlicher Dokumente der Anwohner nachzeichnen.

Auch um den Wasserturm herum reihen sich schöne Einkehrmöglichkeiten und Geschäfte aneinander. Und einen beschaulichen Platz für Sonnenuntergänge findet man im Süden des Platzes. Hier stehen Tische und Bänke vor dem Café *Enddorn*.

Kollwitzplatz | U-Bahnstation Senefelderplatz

Einkaufen & Ausgehen

Ökomarkt am Kollwitzplatz | Wörther Straße | 10405 Berlin | Do 10–20.30, Sa 8.30–19.30 Uhr

Enddorn | Café & Kneipe | Belforter Straße 27/Ecke Diedenhofer Straße | Tel. (0 30) 4 40 83 80 | www.enddorn-berlin.de | Okt.–März Mo–Sa ab 17 Uhr, Apr.–Sep. Mo–So ab 12 Uhr

Oben: Die Künstlerin Käthe Kollwitz lebte gleich hier in Hausnummer 56a
Unten: Frisch, lecker, biologisch – der Markt am Kollwitzplatz ist stets gut besucht

Romantik-Punkte ❤❤♡

27 Kulturbrauerei & Pfefferberg

Brauen und Schauen

Dort, wo die Oderberger Straße auf die Schönhauser Allee stößt, thront der markante Turm der Kulturbrauerei. Hinter ihm erstreckt sich das große, liebevoll sanierte Gelände, Mutterhaus der Schultheißbrauerei, die hier in den 1850er Jahren gegründet wurde.

Ein kurzer Seitenblick: Die Straße bestimmt die verwitterte Fassade des Stadtbades Oderberger Straße, das von den 1920ern bis in die 80er Jahre war, was es bald wieder werden soll: eine schöne Schwimmhalle. Nachdem wegen Baufälligkeit der Badebetrieb eingestellt wurde, tobte jahrelang engagierter Party- und Kulturbetrieb der Marke Selbstorganisation im trockengelegten Schwimmbecken, nun wartet man auf die Neuinbetriebnahme durch das GLS Sprachenzentrum mit Unterstützung verschiedener Förderbescheide.

Zurück zur Brauerei: Der Ausbau auf die heutige Größe des Geländes mit 20 denkmalgeschützten Gebäuden, die sich um sechs Höfe gruppieren, fand um die Jahrhundertwende statt. Bald darauf wurde die Schultheißbrauerei durch Zusammenschluss mit der Patzendorfer Brauerei zur weltgrößten Lagerbrauerei. Den Jahren des Erfolgs folgen weniger rühmliche: Hier arbeiteten unter NS-Herrschaft Zwangsarbeiter, zu Kriegsende verschanzte sich hier eine versprengte Division und ermordete zahlreiche Deserteure und kapitulierende Anwohner.

Der Brauereibetrieb endete 1967, danach begann die kulturelle Nutzung der Gebäude. Heute

Manchmal findet man die Liebe dort, wo man sie am wenigsten vermutet ...

sind hier Theater, Kinos, Kneipen, Clubs, ein Museum für industrielle Gestaltung und weitere Kulturveranstalter ansässig und machen dem Namen alle Ehre. Konzerte, Lesungen, Festivals, Märkte und Clubnächte sorgen rund ums Jahr für regen Betrieb auf den kopfsteingepflasterten Höfen und hinter den historischen roten und gelben Backsteinfassaden. In der Vorweihnachtszeit findet hier der besonders schöne Lucia-Weihnachtsmarkt statt.

1919 – während der Blütezeit der Schultheißbrauerei – wurde auch die nahe gelegene Brauerei *Pfefferberg* übernommen und bald darauf still gelegt. Deren 21 Gebäude und die größten erhaltenen Gewölbekeller waren bereits zwischen 1841 und 1898 entstanden. Firmen zogen ein und wieder aus, bis die Überreste der wilhelminischen Bebauung in den 2000er Jahren die längst anstehende Sanierung erfuhren. Ähnlich der *Kulturbrauerei* haben sich auch in den gelben Ziegelbauten allerlei Kulturinstitutionen angesiedelt. Von der Schönhauser Allee aus steigt man eine Treppe hinauf, die sich an einem mosaikverzierten Brunnen scheidet. Oben sitzt man hinter Arkaden unter roten Schirmen oder hohen Bäumen und blickt beschaulich auf die betriebsame Straße hinunter. Der Komplex zieht sich bis zur Christinenstraße und enthält Galerien, ein Atelierhaus, temporäre Kunstveranstaltungen und zwei Restaurants. Im Ausbildungsrestaurant *das Pfeffer* zaubern Nachwuchsköche tolle Gerichte zum kleinen Preis.

Kulturbrauerei | Schönhauser Allee 36–29 | 10435 Berlin | Info- und Tickethotline: Tel. (0 30) 44 31 51 52 | www.kulturbrauerei-berlin.de | U-Bahnhof Eberswalder Straße

Weitere Tipps

Pfefferberg | Schönhauser Allee 176 | www.pfefferberg.de

Restaurant das Pfeffer | Schönhauser Allee 176 | Tel. (0 30) 44 38 34 04 | Mo–Fr 12–15 Uhr

Im Restaurant Tauro im Pfefferberg sitzt man im Sommer unter Bäumen mit Kugeln

28 Liebermann-Villa am Wannsee
Spaziergang durch ein Stillleben

Die Schönheit des Wannseeufers begeisterte Max Liebermann, der sich hier 1909 sein „Schloss am See" bauen ließ und die Blütenpracht seines Gartens in über 200 Gemälden festhielt. Ein Museum, das über sein Leben und Werk informiert, wurde erst jüngst in der Villa Liebermann eröffnet. Als langes, grünes Band fällt dahinter der Garten zum See ab.

Vom Kronprinzessinnenweg aus führt die Königsstraße über die Wannseebrücke und nach 500 Metern wird *Am großen Wannsee* rechts abgebogen. Sanft schwingt sich die Straße und folgt dem Uferverlauf, bis nach etwas mehr als einem Kilometer rechts die *Villa Max Liebermann* liegt. Seit Frühling 2006 ist das roséfarbene Haus mit den grünen Fensterläden für Besucher geöffnet und zeigt Werke des Berliner Impressionisten, der sich auch als Vorsitzender der Berliner Sezession einen Namen machte, am Originalschauplatz: opulente Bilder voller Blumen, einfühlsame Porträts von Familie und Freunden.

Beim Spaziergang durch die wild-romantische Gartenanlage versteht man, wie inspirierend dieses grüne Kleinod für den Künstler gewesen sein muss: Die Natur sprießt und blüht hier um die Wette, dahinter öffnet sich der Blick auf den Wannsee mit still dahingleitenden Segelbooten.

1909 war das Haus am Wannsee von Paul Baumgarten nach den Vorstellungen Liebermanns erbaut worden. Bis zum Arbeitsverbot durch die Nationalsozialisten 1933 malte der Künstler seine „Gartenbilder". Er hielt die lichtdurchflutete Gartenkulisse, den Staudengarten, den Birkenhain und die sich zum Wannsee erstreckende Rasenfläche in großzügigen Pinselstrichen fest – seine Version impressionistischen Bildverständnisses. Liebermann starb 1934. So musste er nicht mehr miterleben, wie seine Frau 1940 gezwungen wurde, das Haus an die Reichspost zu verkaufen.

Der Besuch der Villa ist eine gute Gelegenheit, Leben und Werk des Malers am Originalschauplatz zu erleben. Auch ganz sinnlich kann man es nachvollziehen: Das *Café Max* serviert auf der Terrasse Kaffee und Kuchen – mit Blick über Blütenpracht, weitläufige Rasenflächen und Wannsee.

Einige hundert Meter weiter schüttelt ein großes Tier die Mähne. Es erhebt sich eine kleine Aussichtsplattform mit einer riesigen Löwenskulptur, der *Flensburger Löwe*. Das Denkmal am Heckeshorn ist der Abguss einer Bronzeplastik, die ursprünglich auf dem alten Friedhof von Flensburg stand und nun, nach einem Umweg über Berlin, im Kopenhagener Zeughaus. Ursprünglich wurde der Löwe zur Feier eines dänischen Sieges über Schleswig-Holstein im Jahr 1850 bei Flensburg gegossen. Wer es dem Tier gleich tut und den Blick über den See schweifen lässt, kann bis hinüber zum Sandstrand des Strandbads Wannsee sehen.

Liebermann-Villa am Wannsee | Colomierstraße 3 | 14109 Berlin | Tel. (0 30) 8 05 83 83-0 | www.liebermann-villa.de | Okt.–März Mi–Mo, Fei 11–17, Apr.–Sep. Mi–Mo 10–18, Do, So/Fei 10–19 Uhr | S-Bahnhof Wannsee, dann Bus 114 bis Liebermann-Villa

Weitere Tipps

Café Max | im Garten der Liebermann-Villa | Tel. (0 30) 80 58 59 00 | www.cafe-max-liebermann.de | Apr.–Sep. Mi, Fr, Sa, Mo 10–18, Do, So/Fei 10–19, Okt.– März Mi–Mo 11–17 Uhr

Oben: Seinen Garten verewigte Max Liebermann in unzähligen Gemälden
Unten: Vom Garten aus sind es nur wenige Schritte bis zum Wannsee

29 Mariannenplatz
Auf den Spuren der Hausbesetzer

Folgt man der Mariannenstraße nach Norden, gelangt man bald zu einem halbrunden, von einer Grünanlage umgebenen Platz. Links versteckt hinter Bäumen entdeckt man zwei Türmchen, sie gehören zum Gebäude des Kunstraums Kreuzberg, besser bekannt als Bethanien. Auf dem gesamten Areal gibt es viel zu entdecken.

Der Weg führt dabei zunächst zum *Bethanien*, einem ehemaligen Krankenhaus. Lenné plante das Ensemble einst in sein begrüntes Konzept der Luisenstadt mit ein. Zwei Weltkriege überstand das Hospital, bis es in den Nachkriegsjahren schließlich insolvent ging und an den Bezirk verkauft wurde. Bürgerinitiativen ist es zu verdanken, dass das Gebäude in den 1970er Jahren nicht der Abrissbirne zum Opfer fiel und seine klare Eleganz aus der Schinkel-Schule erhalten blieb. Danach begann die Ära der Hausbesetzer: Nachdem Rio Reiser nach einem Konzert seiner Band *Ton, Steine, Scherben* zum Einnehmen des *Bethaniens* aufforderte, folgten viele Studenten, Lehrlinge und Linksalternative dem Aufruf. Die bunte Anhängerschaft ließ sich für die kommenden Jahre in dem leerstehenden Gebäude nieder und konnte das Wohnprojekt schließlich sogar legalisieren.
Ab 1974 siedelten sich zudem die ersten kulturellen und sozialen Einrichtungen an, die bis heute das *Bethanien* prägen: Neben Ateliers und Ausstellungsräumen beherbergt der etwas verwinkelte Bau verschiedene soziale Projekte, eine Musik-

Wasser marsch – vorm Bethanien ist mit dauerhaften Löscharbeiten zu rechnen

schule und eine Hausbesetzerszene. Ein außergewöhnliches Detail, auf das man beim Steifzug durch die altehrwürdigen Flure im Erdgeschoss stößt: die originale Einrichtung der Apotheke aus dem 19. Jahrhundert, in der 1848/49 Theodor Fontane als Apotheker arbeitete.

Die Wiese des Mariannenplatzes erstreckt sich vor dem *Bethanien* in konzentrischen Kreisen und geht dann in eine baumumsäumte Grünfläche über. Beim Schlendern steht man bald vor dem *Feuerwehrbrunnen* mit einer Skulpturengruppe von Kurt Mühlenhaupt. Auffallend sind die langen Nasen der Figuren, die dem Ensemble einen humorvollen Anstrich geben. Er ist der zweite seiner Art, nachdem der weit monumentalere (und ernstere) Vorgänger dem Zweiten Weltkrieg zum Opfer gefallen war.

Die Grünfläche wird im Sommer von einer Reihe von Volksfesten bespielt – allen voran das mit zunehmendem Erfolg in der ganzen Gegend stattfindende *Myfest*, das die Tradition der Krawalle zum 1. Mai zurückgedrängt hat. Doch auch im restlichen Jahr liegt sie keineswegs brach und bietet Entspannung für alle: Gruppen unterschiedlichster Couleur sitzen hier bei gutem Wetter auf Picknickdecken, während Punks ein paar Meter weiter mit ihren Hunden Ball spielen, um später in den besetzten Teil des Geländes – Betreten für Touristen und Schaulustige streng verboten– zurückzukehren. Durchaus erwünscht ist hingegen das Betreten des heimeligen Freiluftkinos im Hinterhof, das in Sommernächten die Scharen anzieht.

Mariannenplatz | U-Bahnhof Kottbusser Tor

Rund um den Mariannenplatz

Kunstraum Kreuzberg/Bethanien | Mariannenplatz 2 | 10997 Berlin | Tel. (0 30) 9 02 98-1455 | www.kunstraumkreuzberg.de | Tgl. 12–19 Uhr

Freiluftkino im Kunstquartier Bethanien | Tel. (0 30) 29 36 16 28 | www.freiluftkino-kreuzberg.de

Fast zu hübsch für ein Krankenhaus – das Bethanien mit seinen zierlichen Türmen

30 Mauerpark
Grenzenlose Vielfalt statt Grenze

Gesäumt von Baracken liegen ein paar unspektakuläre Wiesen am Abhang einer Stadiontribüne. Ein Weg führt hindurch. Doch Schönheit entsteht im Auge des Betrachters. Und der findet hier vielleicht nicht das Herz, aber doch den Pulsschlag des Kiezlebens: im Mauerpark und seiner Umgebung.

Von der Sache her ein Flecken Land, wie er trister nicht sein könnte: der ehemalige Mauerstreifen zwischen Wedding und Prenzlauer Berg. Auf ein paar hundert Metern zwischen Eberswalder Straße und S-Bahn-Ring konzentriert sich das Naherholungsgebiet der Prenzlauer-Berg-Szene. Der kopfsteingepflasterte Weg markiert eine historische Linie: Westlich davon befand sich bis in die 1980er Jahre der alte Nordbahnhof. Der östliche Teil gehörte zum Exerzierplatz des Alexander-Regiments der Preußischen Armee *Einsame Pappel*. Ein großer Teil des historischen Platzes ist heute mit dem Friedrich-Ludwig-Jahn-Sportpark bebaut, dazu gehört die hoch aufragende Stadionmauer, an der ungestört Grafittis gesprayt werden. Davor schwingen auf dem Hügel ein paar hohe Schaukeln im Wind, darauf vor allem junge Stadttouristen oder Stadtbewohner in Turnschuhen und der neuesten Clubmode. Man genießt den Ausblick auf die 1960er-Jahre-Mietskasernen im Wedding und das Schrottplatzgelände im ehemaligen Mauerstreifen. Weiter nördlich warten noch ein Spielplatz, ein Birkenhain, ein Kinderbauernhof und ein Kletterturm auf Besuch.

Hier, am nördlichen Ende des Mauerparks rechts gehalten, gelangt man auf den Falkplatz und damit doch mitten ins Kiezleben. Zwar ragen die Glasfront und das Dach der Max-Schmeling-Halle wuchtig auf den Platz, doch mit etwas Glück kann man hier auch wirklich große Sportereignisse oder Konzerte erleben. Und zum anderen kann man auf der betonierten Freifläche vor der Halle Radfahren üben oder Inlineskaten. Davor befindet sich ein wirklich hübscher Park mit Liegewiesen und einem tollen Spielplatz. Und wer nach einigen Stunden Herumliegens und Herumtollens im Gelände Stärkung benötigt: In der angrenzenden Gleimstraße reihen sich Restaurants und Cafés aneinander.

Welche Clubs sich um den Mauerpark herum und sogar auf dem Gebiet des Schrottplatzes verbergen und wer sich wann wo nachts zum Picknicken trifft, das kann nicht in einem Buch stehen, das muss, wer an der sprunghaften Szene teilhaben will, schon selbst herausfinden.

Doch offensichtlich ist das Geschehen am Sonntag: Da verwandelt sich die Brache in einen der größten und schönsten Flohmärkte Berlins, da drängeln sich im ganzen Park die Straßenmusiker und Gaukler, und da findet nachmittags im Amphitheater mit Karaoke ein höchst unterhaltsames Event des Multi-Kulti-Schmelztiegels Berlin statt.

Mauerpark | U-Bahnhof Eberswalder Straße

Am Mauerpark

Mauersegler Berlin | Biergarten und Strandbar | Bernauer Straße 63–64 | Tel. (0 30) 97 88 09 04 | www.mauersegler-berlin.de | Mai-Okt. tgl. 11–2 Uhr

Flohmarkt im Mauerpark | www.flohmarktimmauerpark.de | So 9–18 Uhr

Oben: Mit Aussicht schaukeln hier nicht nur die Kinder
Unten: Sonntags ist im Park Flohmarkt mit viel Musik und Treiben ringsumher

31 Maybachufer & Kreuzkölln
Wo das mediterrane Herz schlägt

Die Südseite des Landwehrkanals, das Maybachufer, verwandelt sich zwei Mal wöchentlich in einen quirligen Wochenmarkt vor allem türkischer Prägung. Abstecher von hier aus nach Süden führen nach „Kreuzkölln", ein freundlicher Kiez voller Cafés, Bars und kleiner Läden.

Von der Kottbusser Brücke aus betrachtet, ist die *Ankerklause* das erste, was am Maybachufer ins Auge sticht. Der maritim gestaltete Flachbau vereint auf engstem Raum verschiedenste Aggregatzustände der gastronomischen Möglichkeiten. Ein ruhiges, beschauliches Frühstück wird direkt über dem Wasser des Landwehrkanals serviert – oder ein beliebiges anderes Gericht zu einer beliebigen anderen Tageszeit. Je später der Abend, desto zahlreicher die Gäste, lauter die Musik und rarer der Platz, besonders bei der beliebten Donnerstagabend-Veranstaltung. Auch direkt am Kottbusser Damm ist der Bürgersteig bestuhlt – in einer warmen Sommernacht ist der Platz gerade wegen der belebten Lage ein lauschiger.

Von diesem Standpunkt aus nach Osten gehend, gelangt man an Dienstagen und Freitagen nachmittags in ein farbenfrohes und duftendes Spektakel: Der Volksmund nennt es „Türkenmarkt am Maybachufer". In den beiden Gassen zwischen den Ständen drängen sich Kunden aller Couleur vorbei an Gewürzen, Kräutern, Obst, frischem Brot, Oliven, aber auch Haushaltswaren und Bekleidung. Am Rande wird für eine Moschee gesammelt und die Marktschreier sind nicht immer zu verstehen – ein Gang über den Markt ist ein kurzer Ausflug in die orientalische Welt, die man selten ohne die dünnen, rosafarbenen Henkeltüten als Souvenir verlässt, aus denen zuhause Ziegenkäse, Trockenobst, Nüsse oder vielleicht frischer Fisch ausgepackt wird.

Unbedingt lohnt auch der Abstecher nach Süden in die ruhigen Straßen des Kiezes, der sich wegen des Vorhandenseins von netten Kneipen und kleinen Geschäften als „Kreuzkölln" etabliert hat. An der Hobrechtbrücke zweigt die Friedelstraße ab. Hier reihen sich Lokale und kleinere Kunsträume aneinander. In der Gegend liegen auch mehrere Atelierhäuser – einen Einblick in all das, was hinter den verschlossenen Türen vorgeht, erlaubt alljährlich im Juni das Kulturfestival *48 Stunden Neukölln*. Unter dem Jahr mag man viele der geöffneten Türen im Reuterkiez durchschreiten oder sich an einem Tisch vor ihnen zu Kaffee und Kuchen niederlassen und so das Viertel durchqueren. Am anderen Ende, kurz vor der Sonnenallee, hat ein Kiez-Urgestein überwintert – sicherlich gewärmt von frischen Croissants und heißem Milchkaffee: die *Croissanterie* in der Pannierstrasse.

Maybachufer | U-Bahnhof Kottbusser Tor

Rund ums Maybachufer

Wochenmarkt am Maybachufer | Di, Fr 12–18.30 Uhr

Ankerklause | Kottbusser Damm 104 | 10967 Berlin | Tel. (0 30) 6 93 56 49 | Tgl. ab 10 Uhr | www.ankerklause.de

Croissanterie | Pannierstrasse 56 | Mo–Fr 7–15 Uhr, Sa/So 8-16 Uhr

Ori | Lesebücher, Galerie und Bar | Friedelstraße 8 | www.ori-berlin.de | Do–Sa ab 20 Uhr, So ab 19 Uhr

Oben: Die Straßen von „Kreuzkölln" sind bunt – hier sitzt es sich wunderbar
Unten: Blumen und anderes „Gemüse" gibt es auf dem Wochenmarkt im Überfluss

32 Modersohnbrücke
Sonnenuntergang auf Berliner Art

Ein romantisches Sonnenuntergangs-Ritual wird in Friedrichshain gepflegt, und dies sogar low-budget: Mit einer mitgebrachten Weinflasche auf der Modersohnbrücke, während die Sonne hinter der Stadtsilhouette versinkt.

Die Stabbogenbrücke spannt sich in Friedrichshain über die Bahngleise zum Stralauer Kiez. An warmen Abenden finden sich hier Menschen mit Kaltgetränken ein, um die hinter der S-Bahn-Brache und dem Stadtpanorama untergehende Sonne anzubeten.

Dank der Bahntrassen ist die Aussicht nach Westen weitgehend unverbaut. Verkehr auf der Brücke ist wenig vorhanden, unter der Brücke sorgen die ratternden S-Bahnen und rauschenden Züge für die urbane Akustik und die Signalanlagen für zusätzliches Lichtspiel. Gut, alleine ist man hier nicht, dafür teilen die Mit-Romantiker die kontemplative Hingabe ans Stadtpanorama. Das Blickfeld zwischen Fernsehturm und Mercedes-Benz Arena lässt hinter Ostbahnhof und Metro sogar die Charité erkennen. Wer genau hinsieht, der entdeckt auf der nächsten Brücke in Richtung Stadtzentrum eine Art Ameisenstraße. Dann ist gerade Wochenende und die unternehmungslustigen Nachteulen, Berliner und auswärtiger Herkunft, strömen auf der S-Bahnbrücke hin und her: Zum einen zwischen Kreuzberg und der Oberbaumbrücke auf der einen und Friedrichshain per se auf der anderen Seite. Oder aber auch schlicht-

Prima Ort für Stadtromantiker: Die Sonne verschwindet hier hinter urbaner Kulisse

weg zwischen Friedrichshain und der S-Bahn, die das feierlustige Publikum aus den anderen Stadtbezirken und von den Stadträndern auf den Bahnsteig gespuckt hat.

Nun strömt das Volk dort drüben, auf der anderen Brücke, zu all den Orten, wo der Modersohn-Romantiker sich im Anschluss an den Sonnenuntergang auch noch hinbegeben kann. Zu den vielen Restaurants im Simon-Dach-Kiez ist es wirklich nicht weit. Noch näher ist es aber zu den Clubs und Kneipen auf dem ehemaligen RAW-Gelände, das gleich rechter Hand zwischen dieser und der nächsten Brücke liegt.

Dort, im ehemaligen Reichsbahn-Ausbesserungs-Werk, wurden bis 1994 Züge wieder flott gemacht. Nach der Wiedervereinigung war der Betrieb bald überflüssig. Das 60 000 Quadratmeter große Gelände stand leer, bis 1998 Künstler, Lebenskünstler und andere Kreative einzogen und einen Teil der halb verfallenden Gebäude wieder herrichteten. Seitdem sind rund 60 Kleinbetriebe, Ateliers und Veranstaltungsräume mit subkulturellem Charme entstanden, darunter mehrere Clubs, ein Biergarten, ein Kinder- und Jugendzirkus und ein Tonstudio. Es ist viel los.

Wen der Sonnenuntergang in einer ruhigeren Gemütsverfassung zurückgelassen hat, der hat es auf der anderen Seite der Gleise auch nicht so weit bis zum Treptower Park (→ Seite 124). Dort gibt es keine Bässe, sondern Nachtigallen-Gezwitscher.

Modersohnbrücke | S-/ U-Bahnhof Warschauer Straße

Weitere Tipps

RAW-Gelände | Ehemaliges Bahngelände mit Restaurants, Bars, Clubs und einem Schwimmbad | Revaler Straße 99

b-ware! Ladenkino | Gärtnerstraße 19 | 10245 Berlin | Tel. (0 30) 63 41 31 15 | www.ladenkino.de

33 Müggelberge
Brandenburg en miniature

Die Müggelberge sind unter den Berliner geografischen Erhebungen einmal „echte", von Eiszeitgletschern gebildete Berge, keine Trümmerberge. Der höchste von ihnen ist 114 Meter hoch. Auch wenn das nicht gerade alpin ist, sind die Berge bei den Berlinern ein Lieblingsziel fürs Wochenende.

Der entspannte Ausflug ins Grüne startet am Teufelssee, einem zauberhaften kleinen Waldsee, der im Sommer zum Baden und Sonnen einlädt. Sehr schön ist der informativ beschilderte Waldlehrpfad, der über Planken und Holzstege drei Kilometer lang durch das benachbarte Hochmoor zum interessanten Lehrkabinett und in die Müggelberge leitet.

Am Teufelssee beginnt eine lange Treppe. Sie führt auf den Gipfel des zweithöchsten Bergs, des *Kleinen Müggelbergs*. Auf seinem 88 Meter hohen Gipfel steht der *Müggelturm*, der stets ein höchst beliebtes Ausflugsziel der Berliner war.

Der erste, ein pagodenförmiger Holzturm, brannte 1958 aus und wurde umgehend durch den architektonisch modernen, achtgeschossigen Aussichtsturm ersetzt, zu dem auch ein Restaurant gehörte. Nach der Wende bröckelte die Anlage, bis sich 2014 ein neuer Eigentümer fand. Der Unternehmer Matthias Große führt zur Zeit nicht nur die dringenden Sanierungsarbeiten durch, sondern hat für den Turm große Pläne: Neben der Renovierung sollen hier ein deutsch-italienisches Restaurant, ein Imbiss mit Currywurst- und Broi-

Wer die schöne Aussicht genießen will, muss erst diese Treppe erklimmen

lerverkauf, eine Sonnenterrasse mit Pool sowie Räume für größere Feste entstehen. Interessantes Detail für Verlobte: Auch eine Außenstelle des Standesamtes wird im Müggelturm einziehen. Regelmäßige Kulturveranstaltungen runden das Angebot ab und sollen zusätzliche Besucher anlocken.

Am Teufelssee gibt es aber auch noch eine zweite Treppe: Über sie steigt man den Müggelberg nach Süden hinab und gelangt nach knapp 600 Metern erneut ans Wasser. Am *Langen See* findet man gleich eine schöne Badestelle nebst Bootssteg.

Man kann nun natürlich zurückkehren, man kann aber auch knapp zwei Kilometer in westlicher Richtung weiterspazieren: Der Uferweg am *Langen See* führt sanft am von Erlen und Weiden bestandenen Ufer entlang bis zur Köpenicker Villenkolonie *Wendenschloß*, die Ende des 19. Jahrhunderts entstand. Ausblicke auf das gegenüberliegende Ufer und auf die Ruine einer Regattaanlage tun sich auf, kurz vor dem Ort liegt auch noch das hübsche Strandbad *Wendenschloß*. Der ganze Ortsteil ist es wert, durch Spaziergänge besichtigt zu werden. Hier stehen wunderschöne Gründerzeitvillen. Ein Schloss sucht man jedoch vergeblich: Der Name entwickelte sich aus dem Namen einer Gaststätte, die an einer Wendeschleife für Pferdekutschen stand. Heute verkehrt von hier die „Elektrische" nach Köpenick.

Von *Wendenschloß* fährt auch eine kleine Fähre zum gegenüberliegenden Grünau, von wo man mit der S-Bahn zurück in die Innenstadt kommt.

Müggelberge | S-Bahnhof Köpenick, dann Bus X69 bis Rübezahl

Weitere Tipps

Müggelturm | Straße zum Müggelturm | 12559 Berlin | www.mueggelturm.berlin | Tgl. 10–20 Uhr außer zu Veranstaltungen

Strandbad Wendenschloß | Möllhausenufer 30 | Tel. (0 30) 6 51 71 71 | Mai–Sep. tgl. 10–20 Uhr

Die Mühe lohnt sich: Oben wartet ein tolles Panorama mit Blick auf den Müggelsee

34 Müggelsee
Entspannen am Müggelsee

Friedrichshagen ist ein malerischer Teil des Stadtbezirks Köpenick, direkt am Ufer des Müggelsees gelegen. Seit mehr als 100 Jahren gilt er unter den Berlinern als Ausflugsliebling, ist er doch das Tor zum Müggelsee, an dessen Ufer sich einige Badestellen finden, Spazierwege und Ausflugslokale locken.

Gegründet wurde der kleine Ort im 18. Jahrhundert von Friedrich II. als Siedlung für böhmische und schlesische Baumwollspinner und Seidenraupenzüchter. Seit dem 19. Jahrhundert wurde Friedrichshagen nicht von ungefähr ein beliebter Ausflugsort für Berliner Sommerfrischler. An der Schwelle zum 20. Jahrhundert entstand rund um den Friedrichshagener Dichterkreis zudem eine rege Kulturszene. In den 1920er Jahren wurde die Müggelspree hier untertunnelt, um Fußgängern direkten Zugang zum gegenüber liegenden Seeufer zu gewähren, was Friedrichshagen auch heute zum idealen Ausgangsort für Spaziergänge am Müggelseeufer macht.

Das Zentrum Friedrichshagens markiert die Bölschestraße, gerne „Ku'damm des Ostens" genannt, was allerdings mehr als übertrieben ist. Hier steht vor der neugotischen Christophoruskirche das neue Standbild Friedrichs II. – das Original von 1903 wurde nach dem Krieg eingeschmolzen. Vor allem aber wird die Straße gesäumt von Maulbeerbäumen. Sie wurden einst gepflanzt, um die Seidenraupen zu ernähren. Einen wunderschönen Blick auf die Straße hat man vom Biergarten des *Berliner Bürgerbräus* aus. Die Brauerei ist die älteste Berlins und steht zum Teil unter Denkmalschutz.

Der nahe gelegene kleine Müggelpark ist von alten Bäumen bestanden, darunter auch einige Exoten wie ein Gingkobaum. In einem ehemaligen Toilettenhäuschen befindet sich heute das winzige, aber sehr empfehlenswerte französische Restaurant *Domaines* mit lauschiger Außenterrasse und Blick auf den See. Das Parkareal hat eine große Terrasse, von der aus man wiederum Ausblick über die ganzen 7,5 Quadratkilometer des Sees und die sich im Süden erhebenden Müggelberge hat. Außerdem ist hier die Dampfer-Anlegestelle der *Stern und Kreisschiffahrt*, die auf dem Müggelsee und auf der Spree bis nach Berlin Zentrum verkehrt.

Wenige Meter neben der Anlegestelle steht der kleine Pavillon, in dem die Treppe in den türkisgrün gekachelten, 120 Meter langen Spreetunnel hinunterführt. Im Stil der neuen Sachlichkeit sind die Fliesen schräg gesetzt und mit einfachen, schwarzen Mustern versehen.

Gleich am gegenüber liegenden Ausgang des Tunnels befindet sich ein Bootshafen, aber auch bald eine Badestelle. Ein Spazierweg führt das ganze Südufer des Sees entlang, auch mit Inlineskatern oder dem Fahrrad kann man hier gut unterwegs sein. In den Müggelseeterrassen *Rübezahl* und dem *Hotel Müggelsee Berlin* findet man zwei Rastmöglichkeiten direkt am See.

Müggelsee | S-Bahnhof Friedrichshagen

Weitere Tipps

Berliner Bürgerbräu | Müggelseedamm 164 | 12587 Berlin | Tel. (0 30) 64 08 20 | www.berlinerbuergerbraeu.de

Restaurant Domaines | Im Müggelpark | Josef-Nawrocki-Straße | Tel. (0 30) 64 09 18 79 | Tgl. 12–22 Uhr

Stern und Kreisschiffahrt | Tel. (0 30) 5 36 36 00

Oben: In Friedrichshagen legen auch die Dampfer der Stern und Kreisschiffahrt an
Unten: Am Müggelsee locken viele schöne Badestellen

35 Museumsinsel
Im Reich der Musen

Die Museumsinsel, die Schatzkiste Berlins, sieht auch aus wie eine Schmuckschatulle: Sie ist reich verziert und hat viele verschiedene Fächer, in denen sich die Juwelen verbergen. Diese zu entdecken und beim Flanieren die Schönheit der Museumsinsel zu genießen, bietet sich bei einem romantischen Ausflug an.

Nach dem Willen Friedrich Wilhelms III. und seinem Architekten Karl Friedrich Schinkel wurde die Inselbebauung zu einer an die Akropolis angelehnte Gruppierung von tempelartigen Bauten. In der antikisierenden Kulisse rund um den *Berliner Dom*, das *Alte Museum*, das *Pergamonmuseum*, die *Alte Nationalgalerie* und das *Bode-Museum* gibt es verschiedene schöne Orte, an denen man die Seele baumeln lassen und sich vom Sehen und Staunen erholen kann. Man kann natürlich auch einfach mal so hingehen ...

Zum Beispiel in den *Lustgarten*. Die sieben Rasenflächen umgeben eine Wasserfontäne und werden von Schulklassen, Pärchen, Hundebesitzern oder pausierenden Museumswärtern belagert – eine lebendige Idylle mit abwechslungsreichen Aussichten. Nach einer Drehung gen Osten blickt man auf den *Berliner Dom*, im Norden bildet die mächtige Säulenreihe vor dem *Alten Museum* die Kulisse. Der *Lustgarten* stammt aus dem 15. Jahrhundert und ist eigentlich der älteste Bestandteil der Museumsinsel, geht er doch auf die ehemaligen Gartenanlagen der Burg des Kurfürsten

Am Abend sind Museumsinsel und Spreeufer stimmungsvoll ausgeleuchtet

Friedrich II. zurück. In den 1820er Jahren begann Schinkel mit der Planung und dem Bau der Museumsinsel, Peter Joseph Lenné entwarf den zur klassizistischen Strenge ringsumher passenden Rasenplatz. Wenig später wurde auch die Granitschale mit fast sieben Metern Durchmesser aufgestellt, die aus einem riesigen, brandenburgischen Findling gefertigt worden war.

Sehr schön ist es auch, sich das Treiben im *Lustgarten* von oben bei einer Tasse Kaffee anzusehen. Zu diesem Zweck begebe man sich ins *Alte Museum*. Natürlich kann man im Erdgeschoss die Antikensammlung und die dazugehörige Münzsammlung besichtigen. Die dem Pantheon nachempfundene Rotunde ist jedoch auch frei zugänglich, dahinter befindet sich ein kleines, niedliches Museumscafé. Dieses Café hat eine Außenstelle, und zwar im Treppenhaus im ersten Stock des Museums, direkt hinter der Glasscheibe zum *Lustgarten*, sodass sich eine wunderbare Aussicht durch die 18 dicken ionischen Säulen hindurch auftut.

Eine weitere Zweigstelle des Cafés befindet sich in der Nachbarschaft: Im Sommer wird auch vor der *Alten Nationalgalerie* ausgeschenkt. In Liegestühlen oder auf Bänken rastet man hier in der Sonne oder im Schatten der Kolonnaden und blickt auf die doppelte Treppe und das Museum, das einem römischen Tempel nachempfunden ist und hoch aufragt. Während die Spree träge vorbei fließt, klingt von der nahegelegenen Friedrichsbrücke ein Saxophon oder ein Akkordeon herüber. In der *Alten Nationalgalerie* selbst ist die Kunst des 19. Jahrhunderts zu bewundern: Meisterwerke von Caspar David Friedrich, Adolph Menzel oder Max Liebermann belegen den Übergang von Klassizismus und Romantik bis zur beginnenden Moderne.

Einen besonderen, musealen Ort gibt es ganz in der Nähe: den Pergamonaltar. Der 36 Meter breite und 34 Meter tiefe, begehbare Altar aus Marmor kam im 19. Jahrhundert nach Berlin. Für ihn wurde eigens das ursprünglich jüngste Ge- →

← bäude der Museumsinsel gebaut. Auch diesen Bau schmücken antike Formen, doch nicht mehr in klassizistischer Imitation, sondern in moderner Interpretation: Das heutige *Pergamonmuseum* wurde 1930 vollendet.

Der Pergamonaltar wurde im 2. Jahrhundert v. Chr. in der heutigen Türkei errichtet und mit einem Fries aus Reliefen geschmückt. Auf der Außenseite wird der Kampf der Giganten gegen die Götter aus der griechischen Mythologie dargestellt, innen der Telephos-Mythos. Darüber thronen Säulenreihen. Nun steht er in dem maßgeschneiderten Saal, der von einer gläsernen Decke in ein immergleiches Licht getaucht wird. Leider ist der Saal wegen Sanierungsarbeiten bis voraussichtlich 2019 geschlossen. Von der Schließung ebenfalls betroffen sind der Nordflügel sowie der hellenistische Saal. Der Südflügel bleibt hingegen geöffnet und hält nicht minder sehenswerte, monumentale Ausstellungsstücke bereit: das Markttor von Milet, ebenfalls aus der heutigen Türkei, das leuchtendblaue Ischtar-Tor aus Babylon sowie die dazugehörige Prozessionsstraße von Nebukadnezar II. (605–562 v. Chr.), heute im Irak gelegen, sowie die Mschatta-Fassade aus Jordanien.

Das Nachbarhaus hat bereits eine Verjüngungskur erfahren und wurde 2006 nach seiner Sanierung wiedereröffnet: Das *Bode-Museum* wurde 1904 als Kunstmuseum gebaut. Verglichen mit seinen streng klassizistischen Nachbarn ist es ein quirliger, neobarocker Stilmix. Der Sandsteinbau ragt wie ein Schiff in die Spree und präsentiert heute die Skulpturensammlung und das Museum für Byzantinische Kunst. Eine riesige Kuppel überdacht den Eingangsbereich. Viele überraschende Sichtachsen tun sich im weitläufigen Bau auf und stellen die Beziehungen zwischen den Kunstwerken her. Und auch die Skulpturen selbst, überwiegend Figuren aus den unterschiedlichsten Epochen und Stilrichtungen, richten ihren starren Blick durch die Räume – eine eigentümliche Atmosphäre.

Das benachbarte *Neue Museum*, das das *Ägyptische Museum* mit der Papyrussammlung, das *Museum für Vor- und Frühgeschichte* sowie Teile der Antikensammlung beherbergt, wurde 2009 wiedereröffnet. Zuvor wurde es vom Büro des britischen Architketen David Chipperfield außen und innen bemerkensswert restauriert. Damit ist nicht nur ein Besuch bei der Büste von Nofretete von nun an wieder möglich, sondern die Museumsinsel auch wieder komplett.

Und nicht nur die Museumsinsel, sondern auch der Ort ihrer Erfindung steht wieder auf. Momentan gleicht die Aussicht vom *Lustgarten* vor dem *Alten Museum* noch einer Baustelle, aber die Fassade des Berliner Schlosses steht schon wieder. Und auch, wenn hier in Zukunft nicht der Adel, sondern Kultur, Wissenschaft und Moderne regieren werden, wird die städtebauliche Vision des 19. Jahrhunderts zu erahnen sein.

Museumsinsel | S-Bahnhof Hackescher Markt

Die schönsten Musentempel

Altes Museum | Am Lustgarten | 10178 Berlin | Tel. (0 30) 20 90-55 44 | Di–So 10–18 Uhr, Do bis 20 Uhr

Alte Nationalgalerie | Bodestraße | Tel. (0 30) 2 66 42 42 42 | Di–So 10–18 Uhr, Do bis 20 Uhr

Neues Museum | Bodestraße | Tgl. 10–18 Uhr, Do bis 20 Uhr

Oben: Vor der Alten Nationalgalerie erstreckt sich der grüne Kolonnadenhof
Unten: Wandeln wie im Alten Rom, aber mit Aussicht auf die Spree

36 Mutter Fourage
Die Toskana am Wannsee

Unweit des Ufers vom Kleinen Wannsee befindet sich im Stadtteil Wannsee der Künstlerhof rund um die Galerie Mutter Fourage, ein romantisches Hofensemble mit verschiedenen Einrichtungen und einem hübschen Café, das beinahe ländlich wirkt.

Nach dem Ortszentrum von Wannsee zweigt nach links die Chausseestraße ab, und hier findet sich in der Nummer 15a die friedliche Enklave der *Mutter Fourage*.
Deren Name geht auf das alte Wort „Fourage" zurück, was soviel wie „Futtermittel" bedeutet. Mit dem wurde hier zu Beginn des 20. Jahrhunderts gehandelt. Das änderte sich, als der Theater-Schauspieler Wolfang Immenhausen das Anwesen von seinem Großvater in den 1970er Jahren übernahm und dort wahrlich revolutionäre Ideen verfolgte: Er gründete mit Freunden die *Mutter Fourage*, eine ökologische Futter- und Gartenbedarfshandlung, die auch als Gegenpol zur fortschreitenden Umweltzerstörung gedacht war. Nach und nach hielten auch kulturelle Aspekte Einzug und Immenhausen schärfte ab da nicht nur das Umweltbewusstsein der Hauptstädter, sondern auch deren Auge und Ohr für die schönen Künste. Damit mauserte sich der Hof innerhalb kurzer Zeit zu einem beliebten Treffpunkt in Westberlin, der sich bis heute seinen alternativen Charme bewahren konnte und ein lauschiges Plätzchen für Hobbygärtner, Spaziergänger, Kaffeetrinker und Kunstinteressierte ist.

Mit Betreten des kopfsteingepflasterten Hofs tickt die Uhr langsamer

Mit Betreten des kopfsteingepflasterten Hofs beginnt die Armbanduhr langsamer zu ticken – der holprige Untergrund taugt nicht zur Eile. Zumal sich der Hof genauso einladend wie verwinkelt öffnet und zum Herumstöbern einlädt. Tempogebend ist nun eher ein entfernter Hahnenschrei. Das Sonnenlicht strahlt auf Blüten und Blattwerk der Hofgärtnerei und spielt auf den Terrakottatöpfen und -statuetten, die sich vor der Töpferei in tausend Formen und Größen stapeln. Eine Ahnung von Provence und Toskana liegt in der Luft, das Schöne daran: Fast alles lässt sich erwerben und zurück ins Großstadtleben mitnehmen. Mediterrane Gefühle wecken auch die Weinreben, die sich um das gemütliche Hofcafé ranken. Hier lassen sich Gäste unter roten Sonnenschirmen Frühstück, Mittagessen oder Kaffee und Kuchen schmecken: alles frisch, alles ökologisch – versteht sich. Wer davon nicht genug kriegen kann, findet die Zutaten zum Nachkochen und -backen in der Auslage des Bioladens *Feine Kost* gleich nebenan.

Ein weiteres Detail ist die Remise, hinter der sich eine kleine Galerie verbirgt. Die ist neben zeitgenössischen Malern auch besonders den Künstlern verbunden, die wie Max Liebermann oder Philipp Franck Anfang des 20. Jahrhunderts in Wannsee gewirkt haben. Noch mehr Kultur bietet ein buntes Programm aus regelmäßig stattfindenden Konzerten, Theateraufführungen für Kinder, Lesungen und Hoffesten, die das Wiederkommen praktisch zur Pflicht machen.

Mutter Fourage | Chausseestraße 15a | 14109 Berlin | Tel. (0 30) 80 58 32 81 | www.mutter-fourage.de | S-Bahnhof Wannsee

Schönes auf dem Hof entdecken

Hofcafé | Mai–Sep. 9–19 Uhr, Okt.–Apr. 10–18 Uhr

Feine Kost | Mo–Fr 9–19 Uhr, Sa/So 8–19 Uhr

Galerie | bei Ausstellungen Fr 14–18 Uhr, Sa/So 12–17 Uhr

Der Hof lädt zum Herumstöbern ein

37 Nikolaiviertel
Die Wiege der Hauptstadt

Der Ort, an dem Berlin gegründet wurde, ist heute eine städtebauliche Skurrilität: Das Nikolaiviertel ist eine künstliche Altstadt, neu erbaut in den 1980er Jahren. Man ist hier irgendwie nicht in Berlin, und doch am ältesten Punkt der Stadt, dort, wo Alt-Berlin mit Cölln zu Berlin zusammenwuchs.

Das kleine Stadtviertel funktioniert wie eine Art Freilichtmuseum: Historische Berliner Gebäude wurden hier wieder auf- oder nachgebaut und zwar in friedlicher Nachbarschaft zu schmucklosen Neubauten. Kirche und Viertel haben ihre Ursprünge im 13. Jahrhundert und sollten erstmals anlässlich der 700-Jahrfeier Berlins 1937 in ein repräsentables „Altstadtforum" umgebaut werden. Vor den Kriegszerstörungen wurde damit aber nur begonnen. Doch als 1987 die 750-Jahrfeier anstand, wurde die Idee wieder aufgegriffen und umgesetzt – die sichtbare Mischung aus Plattenbau und Ornament ist das Ergebnis.

Ein Streifzug durch das überschaubare Gebiet: Die Kirche ist neu aufgebaut, um sie herum eine Reihe kleinerer Bürgerhäuser. Das 1936 am Mühlendamm abgetragene *Ephraim-Palais* wurde zwölf Meter versetzt wieder aufgestellt – das Rokoko-Gebäude, einst „die schönste Ecke Berlins" genannt, steht nun an der Ecke zur Poststraße und beherbergt die *Stiftung Stadtmuseum Berlin*. Der Besuch der Ausstellungen zu Kunst und Geschichte ist ein guter Anlass, sich das prachtvolle Treppenhaus und die Raumfluchten anzusehen. Das Gasthaus *Zum Nußbaum*, das im Original von 1571 auf der benachbarten Fischerinsel stand und von Heinrich Zille, Otto Nagel und Claire Waldoff besucht wurde, wurde samt dazugehörigem Baum ins Nikolaiviertel kopiert. Ebenfalls eine Kopie ist die Gerichtslaube des alten Berliner Rathauses, in der sich auch ein Restaurant befindet. Echt hingegen ist das *Knoblauch-Haus*. Als Gast in diesem Museum befindet man sich quasi in der illustren Gesellschaft von Karl-Friedrich Schinkel oder Friedrich Schleiermacher. Die verkehrten – natürlich zu ihren eigenen Lebzeiten – ebenfalls in der Beletage des Rokoko-Palais in der Poststraße. Heute ist hier die Dauerausstellung *Leben im Biedermeier* zu sehen. Sie zeigt die mit Original-Mobiliar, Hausrat und auch vielen persönlichen Dokumenten ausgestatteten Räume der Familie, die in diesem Anwesen lebte und wirtschaftete und das Gesicht Berlins mitgestaltete.

Das nahe gelegene *Zille-Museum* ist aus einer Privatinitiative entstanden und wird ehrenamtlich betrieben. Ein Besuch illustriert den Geist der Stadt, der in diesem Viertel aufleben soll. Mit schwungvollen Zeichnungen von pausbäckigen Figuren, denen der „Pinselheinrich" genannte Künstler die berlinischsten Worte in den Mund legte, porträtierte Heinrich Zille (1858–1929) sozialkritisch das Treiben in den Hinterhöfen und Straßen. Damit wurde er zu einem der bekanntesten Botschafter des Berliner Lebens.

Nikolaiviertel | U-Bahnhof Klosterstraße

Im Nikolaiviertel

Zille-Museum | Propststraße 11 | 10178 Berlin | Tel. (0 30) 24 63 25 00 | Mo–Sa 11–18, So ab 13 Uhr

Knoblauchhaus | Poststraße 23 | Di–So 10–18 Uhr

Zum Nußbaum | Am Nußbaum 3 | Tel. (0 30) 2 42 30 95

Oben: Die Gedenkplatte vor der Nikolaikirche zeigt das erste Berliner Stadtsiegel
Unten: Die Littfasssäule zeigt's: Zille war Stammgast im „Zum Nußbaum"

38 Park am Gleisdreieck
Ein Ort der zwei Geschwindigkeiten

Teils in Kreuzberg, teils in Schöneberg gelegen, schmiegen sich über 30 Hektar Parkanlage rund um den Knotenpunkt der U-Bahn. U1 und U2 donnern über die Köpfe der Spaziergänger hinweg, die durch den weitläufigen Park flanieren. Am Wasserspielplatz hebt sich deswegen wahrscheinlich kein Kopf, dafür ist das Spiel mit Röhren und Flaschenzügen einfach zu faszinierend.

Obwohl die Stadt das zentrumsnahe Gelände eigentlich als Bauland nutzen wollte, ist man heute besonders stolz darauf, unter reger Bürgerbeteiligung einen „Ort der zwei Geschwindigkeiten" geschaffen zu haben. Das Panorama ist wirklich urban: Der Park ist durchschnitten von den Viadukten der U-Bahnlinien, im Hintergrund ragen die Gebäude des Potsdamer Platzes in die Höhe.

Und dennoch sind im Park viele Oasen der Ruhe entstanden, es gibt sogar eine Kleingartenkolonie, sogenannte, weitgehend ungestaltete „Naturerlebnisräume", ein Wäldchen und zwischen den Bäumen malerisch dahinrottende Prellböcke, Gleise und andere Bahnrelikte. Weitaus actionreicher und darum besonders spannend für die kleinen Parkbesucher ist hingegen der bereits erwähnte Wasserspielplatz und, bei Kletterfans mindestens genauso beliebt, der *Stangenwald,* den es teilweise sogar kopfüber zu erforschen gilt. Neben den Spielplätzen finden sich aber auch viele Sportmöglichkeiten für Erwachsene: Eine Volleyball-Anlage, eine große Skate-Anlage, ein Basketballfeld, Fitnessgeräte und einfach viel Auslauf und Platz zum Radfahren.

Der östliche und der westliche Teil sind über eine Fahrradstraße verbunden, und der im Süden gelegene Schöneberger Teil des Parks, wegen seiner Form „Flaschenhalspark" genannt, ist über eine der Yorckbrücken zu erreichen. Hier ist am wenigsten Action und am meisten Natur.

Auch die ICE-Trasse und die S-Bahn durchschneiden den Park. Zudem fährt aber auch ein altmodisches Bähnchen, allerdings nur am Wochenende: Dann ist die Museumsbahn des Technikmuseums unterwegs. Das Parkgelände geht nämlich in die Außenanlagen des *Deutschen Technikmuseums Berlin* über.

Auf dessen Gelände stehen Windmühlen, eine Brauerei nebst Aussichtsplattform und eine Schmiede. Das Museum ist ein riesiges Spielzimmer für jeden, der sich für die Funktionsweisen und Zusammenhänge unserer Welt begeistert. Und schön ist es auch noch: Ein offener, vierstöckiger Neubau setzt die Flugzeuge und Schiffe in Szene. Wer nicht selbstständig auf Erkundungstour gehen möchte oder sich für ein spezielles Thema besonders interessiert, sollte einen Blick auf die zahlreichen Angebote werfen: Jeden Tag gibt es die unterschiedlichsten Vorführungen an den einzelnen Geräten, dazu Führungen für Kinder, Jugendliche und Erwachsene.

Park am Gleisdreieck | S-Bahnhof Yorckstraße

Weitere Tipps

Café Eule im Gleisdreieck |
Über den Parkeingang Bülowstraße | Tgl. 10–18 Uhr

Deutsches Technikmuseum | Trebbiner Straße 9 |
10963 Berlin | Tel. (0 30) 90 25 40 | www.sdtb.de |
Di–Fr 9–17.30, Sa/So 10–18 Uhr

Oben: Idylle im Westpark, das Donnern der Züge gehört dazu
Unten: Eisenbahnerromantik – die Museumsbahn des Deutschen Technikmuseums

39 Paul-Lincke-Ufer
Boule und Kaffee an der Promenade

Am Kottbusser Damm trennt der Landwehrkanal Kreuzberg von Neukölln. Am Kreuzberger, dem Paul-Lincke-Ufer, sind es vor allem zahlreiche Cafés und Biergärten entlang des Spazierweges sowie ein Boule-Platz, die zum Verweilen einladen. Auch gehobenere Küche ist zu finden.

Hübsche Cafés und Bars finden sich, aufgereiht wie auf einer Perlenkette, am Paul-Lincke-Ufer auf der nördlichen Seite des Landwehrkanals. Welches davon man aufsucht, ist eigentlich zweitrangig, keines fällt unangenehm aus der Reihe. Die Einrichtungen sind meist einfach und in Holz gehalten, die Speisekarten überschaubar, die Gerichte solide und erschwinglich. In diversen Gärten stehen Bierbänke und -tische im Schatten unter Bäumen und Sonnenschirmen.

Vom Kottbusser Tor kommend, erkundet man das Paul-Lincke-Ufer vom hinteren Ende aus und spaziert am Kanal entlang bis zur Thielenbrücke. Da wäre also zunächst das Café *Übersee*. Vor allem auf der vorgebauten und von Wein umrankten Terrasse, die im Sommer zu einer heimeligen Laube wird, sitzt es sich wunderbar.

Findet sich im vorderen Teil des Paul-Lincke-Ufers kein Plätzchen, schlendere man gemütlich auf dem Kiesweg am Wasser bis zur nächsten, der Hobrechtbrücke, wo sich in einer Ecke des ehemaligen Umspannwerks heute *Schuchmanns Kaffehaus* befindet und mit warmem Schokoladenkuchen verführt. Der Gesamtkomplex behergt

Im „Pavillon am Ufer" gibt es Biowaffeln und Blick aufs Wasser

auch das gehobene Restaurant *Volt*, eine Außenterrasse und Eventräume wie die Alte Generatorenhalle, die sich für Hochzeiten mieten lassen. Eine Kathedrale aus Glas und rotem Backstein, wie geschaffen für Paare, die dem rauen Charme urbaner Industriekulissen erlegen sind.

Freunde des Kugelrollens bleiben sicherlich am Bouleplatz zwischen Forster und Liegnitzer Straße hängen. Ein paar Spielfelder sind an der Uferpromenade angelegt und werden eifrig genutzt. An Sommerabenden summt der Platz von den Stimmen der Zuschauer, Begleitungen, im Spiel Pausierenden und ihrer Bekannten, die gerade zufällig vorbeigekommen sind.

Für müde Boule-Sportler findet sich um die Ecke in der Liegnitzer Straße genau die richtige, atmosphärisch verschrammte Location: Der Holzofen der *Trattoria Venezia* produziert die definitiv größten Pizzen Berlins. Sie sind hervorragend und werden auf zwei bis drei Tellern pro Stück serviert. Man bestelle niemals eine für sich allein!

Ein besonderer Genuss lockt dann noch am Ende des Paul-Lincke-Ufers: Dort steht, nomen est omen, der kleine *Pavillon am Ufer.* Seine Spezialität sind süße oder herzhafte Waffeln, natürlich kieztypisch in Bio-Qualität.

Soviel zur beschaulichen Seite des Landwehrkanals. Und nun weiter über die Thielenbrücke nach Neukölln zum Maybachufer, wo es quirlig und gerade auf dem Wochenmarkt multi-kulti zugeht (→ Seite 74).

Paul-Lincke-Ufer | U-Bahnhof Kottbusser Tor

Essen & Trinken

Schuchmanns Kaffeehaus | Paul-Lincke-Ufer 22 | 10999 Berlin | Tel. (01 51) 22 20 58 99 | www.schuchmanns.com | Di–So ab 10 Uhr

Trattoria Venezia | Liegnitzer Straße 28 | Tel. (0 30) 9 61 28 90 39

Der französische Volkssport Boule hat längst auch Berlin erobert

40 Pfaueninsel
Paradiesische Zustände

Eine kurze Fährfahrt vom Glienicker Park entfernt liegt ein kleines Paradies in der Havel: Auf der Pfaueninsel leben Dutzende freilaufender Pfaue in einer unwirklichen Kulisse – sie zeugt von den romantischen Träumen preußischer Könige. Innerhalb einer Stunde kann man die märchenhafte Insel, durch ein Blumenmeer und unter 400 alten Eichen spazierend, einmal umrunden und wird dabei stets auf die schillernd blauen Vögel treffen, die auch gerade ihrer Wege gehen.

Die Anlage und Gebäude samt Einrichtung zählen heute zum UNESCO-Welterbe. Außerdem gilt die Insel als Naturschutzgebiet. Die Abgeschiedenheit der Pfaueninsel nutzte bereits der Große Kurfürst: Er ließ den Alchemisten seines Vertrauens, Johann Kunckel, hier mit Feuer und Glas experimentieren, was Rauchschwaden und Gestank erzeugte und die Bewohner des Festlandes erschreckte.

Es verging ein Jahrhundert, dann erkannte der spätere König Friedrich Wilhelm II. das Potenzial des Eilands: Im Ruderboot erreichten er und seine Mätresse, beide im Teenageralter, die Abgeschiedenheit. Noch einmal 30 Jahre, dazu sechs gemeinsame Schwangerschaften und diverse Ehen mit Anderen später erinnerte sich Friedrich Wilhelm II. an die Zuflucht ihrer Jugend und begann, auf der Pfaueninsel ein romantisches Refugium für sich und Wilhelmine Encke erschaffen zu lassen, die sie gemeinsam entwarfen. Das Schloss der Pfaueninsel wurde kunstvoll als römische Ruine gestaltet, das Schloss wie die Meierei wurden von Brendel gebaut – und diese hat das Äußere einer eingefallenen, gotischen Kathedrale. Nach drei Jahren starb der König, die Geliebte wurde verbannt.

An der Anlage sind die großen Namen der Berliner Baugeschichte beteiligt, federführend war vor allem Karl Friedrich Schinkel. Für Thronfolger Friedrich Wilhelm III. baute er 1823 das Kavaliershaus zu einem gotischen Gebäude um, indem er die Fassade eines Danziger Patrizierhauses herantransportieren ließ und vorhängte. Auch der dorische Portikus, das Mausoleum für die Königin Luise, soll von ihm entworfen sein. Die Verwendung von gotischen Elementen betonte die Einfachheit des Landlebens, das man hier nachspielte. Die märchenhafte Anlage der Pfaueninsel ist ein Werk Peter Lennés, er legte auch einen Tiergarten an, der bald über 800 Rentiere, Kängurus und viele andere Tiere aus aller Welt umfasste. Davon ist heute nur noch eine große Voliere übrig – schon der Thronfolger, Sohn Friedrich Wilhelm IV., stiftete die Tiere der Zoologischen Gesellschaft, die damit den Berliner und zugleich ersten Zoo in Deutschland gründete.

Das Schloss und die Meierei sind jeweils mit Führungen zu besichtigen. Den Spaziergang über die Insel kann man auch anhand von Hörstationen absolvieren, die man mit dem Smartphone vor Ort oder auch im Vorfeld abrufen kann.

Pfaueninsel | S-Bahnhof Wannsee

Auf der Pfaueninsel

Wirtshaus zur Pfaueninsel | Pfaueninselchaussee 100 | 14109 Berlin | Tel. (0 30) 8 05 22 25 | www.pfaueninsel.de | Mi–So ab 10 Uhr

Schloss | Nikolskoer Weg | Apr.–Okt. Di-So 10–17.30 Uhr

Meierei | Nikolskoer Weg | Apr.–Okt. Sa/So 10–17.30 Uhr

Oben: Disneyland des 19. Jahrhunderts – das Schloss auf der Pfaueninsel
Unten: Die bunt gefiederten Namensgeber leben frei auf der Insel

41 Rahnsdorf & Müggelspree
Über die Brücken von Neu-Venedig

Hier ist man schon richtig weit weg und trotzdem noch in Berlin. Der Dorfkern Rahnsdorf liegt seit dem 14. Jahrhundert am Ostufer des Müggelsees und an der dort einmündenden Spree. Historische Höfe schmiegen sich hier um den Dorfanger. Aus dem Fischerdorf wurde Ende des 19. Jahrhunderts ein Ausflugsziel für die Berliner – das ist es bis heute.

Die östlichste S-Bahnhaltestelle Berlins heißt Wilhelmshagen. Von ihr aus kann man sich erst einmal Aussicht verschaffen – die Schönblicker Straße hinunter, an der Taborkirche rechts, dort führt die Güttlander Straße zu den Püttbergen – mit 68 Metern Höhe rangieren sie weit oben in der Berliner Bergwelt, sind aber eigentlich sandige Dünen und mit Kiefern bewachsen. Hinter dem Friedhof beginnt ein Pfad, der zu einem Aussichtspunkt führt. Von hier aus reicht die Sicht bis zu den Kranichsbergen in der Rüdersdorfer Heide und nach Erkner.

Nun aber zum Wasser: Im Süden der Fürstenwalder Allee wird es idyllisch: Neu-Venedig hat sogar eine kleine Rialtobrücke. Diese Lagunenstadt ist nicht ganz so majestätisch wie das Original, aber alle Grundstücke sind Wassergrundstücke an den fünf Kanälen des hiesigen Spreedeltas. Zu Fuß lässt sich das Gebiet mit den 12 Brücken gut durchwandern, es macht aber auch Spaß, ein Boot auszuleihen und die Kanäle zu durchkreuzen.

Über die Dorfstraße knapp zwei Kilometer entfernt befindet sich der Dorfkern von Rahnsdorf mit seinem historischen Fischerkietz. Er liegt seit dem 14. Jahrhundert am Ostufer des Müggelsees und an der dort einmündenden Spree. An die Fischerei erinnern die Schmuckfenster der Kirche, die Ende des 19. Jahrhunderts als Ersatz für den abgebrannten Vorgängerbau gebaut wurde.

Im Sommerhalbjahr verkehrt vom winzigen Rahnsdorfer Hafen aus die Fähre auf dem Müggelsee. Von Rahnsdorf aus kann man von April bis September mit der Fähre F23 zum Restaurant *Neu-Helgoland*, nach Müggelhort oder zum Müggelwerder Weg übersetzen. In der Saison verkehrt auch die letzte Ruderboot-Fähre Deutschlands – das Boot heißt *Paule III*, die Linie F24. Der Fährmann rudert hier wochenends seine Fahrgäste höchstpersönlich auf Zuruf über die Müggelspree. Die mit Muskelkraft betriebene Fähre verkehrte seit 1908, bis sie der Senat aus Kostengründen 2013 trockenlegte. Die Nachricht schlug unter den Rahnsdorfer Bürgern, dem Köpenicker Tourismusverein und Nostalgiefreunden große Wellen. Gemeinsam setzten sie eine erneute Inbetriebnahme durch. Seit Mai 2015 legt sich Fährmann Roni nun wieder in die Riemen und bewahrt dem verträumten Ortsteil damit ein kleines Stück Vergangenheit, Einzigartigkeit und Romantik.

Rahnsdorf | S-Bahnhof Wilhelmshagen

Weitere Tipps

13 Kanus | Kanu-, Boots- und Floßbootverleih | Am Küstergarten 18 | 12589 Berlin | Tel. (01 62) 4 85 03 10 | www.13kanus.de | Tgl. ab 9 Uhr

Gaststätte Neu Venedig | Finkenweg 348 | 12589 Berlin | Tel. (0 30) 6 48 93 09 | Di–So ab 10 Uhr

Boote – die beste Fortbewegungsart an der Müggelspree. Wer kein eigenes hat, nutzt Paule III, die Ruderboot-Fähre

42 Regierungsviertel
Romantik aus neuen Blickwinkeln

Romantik ist manchmal eine Frage des richtigen Blickwinkels. Von hoch oben, tief unten oder direkt vom Wasser aus betrachtet, lässt sich auch den nüchternen Orten, wo die große Politik gemacht wird, durchaus noch eine verspielte Seite abgewinnen.

Das alte und neue Zentrum der Republik ist weitläufig und modern angelegt. Das architektonische Konzept von Axel Schultes und Charlotte Franke sah vor, die diversen Machtzentren in einen Gebäuderiegel neben dem Reichstag einzubinden. Der Mensch, umherwandelnd zwischen Tiergarten und neuem Hauptbahnhof, wird dabei jedoch ganz undemokratisch winzig. Wirklich schön wird es hier erst, wenn man den Standpunkt verändert.

Das Erklimmen der Reichstagskuppel ist eine Möglichkeit. Von oben wird die Hauptstadt zwar nicht nichtig, aber zumindest klein, Passanten und Autos wirken wie Spielzeuge in einer Miniaturwelt, über die man beim Erklimmen der Kuppelspirale eine fantastische Rundumsicht genießt.

Eine weitere Möglichkeit ist der Blick von unten: Längst haben Flaneure die Treppenstufen als Raststätte für sich entdeckt, die sich am Spreeufer und an der seitlichen Fassade des Marie-Elisabeth-Lüders-Hauses entlangziehen. Dort sitzend oder bequem ausgestreckt, bieten sich interessante Sichtachsen auf die hochmoderne Architektur, die sich im Fluss spiegelt.

Besonders schön ist auch die Flucht direkt aufs Wasser. Von einem der zahlreichen Ausflugs-

Unzählige Lichter setzen das Regierungsviertel nachts effektvoll in Szene

dampfer gesehen, spielen die Gebäude schlüssiger zusammen und verdienen plötzlich ihren Namen *Band des Bundes*.

Am Moabiter Werder, auf der dem Regierungsviertel abgewandten Seite der Spree, führt eine großzügige Uferpromenade am Wasser entlang. Die ganze Gegend gehörte früher zu den Güter-Umschlagplätzen und der Zollabfertigung des Hamburger und Lehrter Bahnhofs. Im Zuge der Bebauung wurde auch das Ufergelände in einen grünen Park verwandelt. Der Riegel setzt sich bis hier herüber fort und endet mit einem eleganten Bogen im Kanzlerpark und in der sogenannten *Wohnschlange*, einem gewundenen Wohnkomplex für Regierungsbedienstete.

An der mit rotem Sandstein und üppigem Figurenschmuck verzierten Moltkebrücke liegt der Zollpackhof. Das gelbe Gebäude ist ein Überbleibsel aus der Zeit des Güterumschlags an dieser Stelle. Unter einer 130 Jahre alten Kastanie sitzt man im Schatten beim erfrischenden Kaltgetränk und blickt auf die Schweizer Botschaft, die etwas verlassen abseits der durchgeplanten Bebauung steht, und die Bundesbauten. Und wer erfahren möchte, warum das Efeu, das gegenüber an den Sichtbetonwänden des Kanzleramts wächst, mit Klebeband angebracht wird, dem sei eine Fahrt mit einem der Ausflugsdampfer empfohlen, die auch an der Moltkebrücke halten. Vielleicht schnappt er ja auch ein paar Wortfetzen auf von dem, was die Spreekapitäne ihren Fahrgästen erzählen.

Regierungsviertel | U-Bahnhof Bundestag

Weitere Tipps

Deutscher Bundestag – Reichstagsgebäude | Platz der Republik 1 | 11011 Berlin | Anmeldung zur Kuppelbesichtigung postalisch, per Fax oder online | Kuppel tgl. 8–24 Uhr

Zollpackhof | Restaurant , Biergarten, Außenterrassen | Elisabeth-Abegg-Straße 1 | 10557 Berlin | Tel. (0 30) 33 09 97 20 | www.zollpackhof.de

43 Schloss Friedrichsfelde
Ein Palast zwischen wilden Tieren

Ein kompaktes Märchenschloss steht im Tierpark Friedrichsfelde und wird auch wieder als solches genutzt. Preußische Hofkultur zum Ansehen, Erleben und Mitmachen, in rosa-weißer Stuck-Kulisse und umgeben vom weitläufigen, prächtigen Park. Hier darf man sich als Prinzessin oder Prinz fühlen.

Schon Theodor Fontane hielt dieses Schloss für das „Charlottenburg des Ostens". Es wurde ursprünglich 1685 im holländischen Landhausstil errichtet, seine heutige, neoklassizistische Form erhielt es im 18. Jahrhundert. Von der eigenen Inneneinrichtung ist eine reich geschnitzte Treppe und der Festsaal von 1785 erhalten, der mit Stuck verziert ist. Zusätzlich wurde das Gebäude mit zeitgenössischen Gemälden, Porzellan, Glas, Fayencen, Silber, Eisenkunstguss und Möbeln aus anderen Schlössern und Gutshäusern ausgestattet. Historische Wandbespannungen und prächtige Deckengemälde schmücken das Schloss, sodass eine ganze Reihe von Salons für Feste und Veranstaltungen zur Verfügung stehen.

Ein Höhepunkt: Der in Berlin einmalige klassizistische Festsaal, in welchem regelmäßig Kammerkonzerte und Vorträge zur Geschichte von Schloss und Berliner Gesellschaft stattfinden. Und wer selbst einmal anmutig über höfisches Parkett schweben möchte, kann in Tanzkursen und Kostümball-Nächten diesem Traum näher kommen. Getanzt werden historische Gesellschaftstänze – dort, wo auch schon Friedrich der Große, Napoleon Bonaparte und Zar Alexander I. zu Besuch waren. Wer dauerhaft ein Teil des geschichtsträchtigen Ganzen sein möchte, ist eingeladen, mit einer Patenschaft für einen klassizistischen Stuhl seinen eigenen Sitz im Schloss zu erwerben. Heiraten darf man hier auch. Das Schloss wird ehrenamtlich von einem Verein betreut, der auch die hier gezeigte Dauerausstellung zur Schlossgeschichte mit Dokumenten und Kunstwerken ausrichtet.

Vor dem Tanzabend, dem Konzertbesuch oder nach der Ausstellungsbesichtigung lohnt ein Blick in die nähere Umgebung: Der Tierpark in Friedrichsfelde ist einer der größten Zoos der Welt. Er wurde im Jahr 1955 angelegt und wuchs inzwischen auf 160 Hektar heran, seine etwa 10 000 Bewohner entstammen 1 000 verschiedenen Arten. Sein besonderes Markenzeichen: Es gibt hier Platz. Die weitläufige Anlage erstreckt sich rund um das Schloss und den dazugehörigen Barockgarten. Um 1821 beauftragten die damaligen Schlossherren, die Familie Treskow, den Landschaftsarchitekten Lenné damit, den Park neu anzulegen. Seine Struktur mit Sichtachsen und Kanalsystemen ist weitgehend erhalten und dem Zoo angepasst. Breite Alleen und naturbelassene Waldbestände prägen den Park – es gibt hier fast so viele Bäume wie Tiere. Die Tierhäuser entstammen der jüngeren Vergangenheit, einige architektonische Kleinode sind darunter zu finden.

Schloss Friedrichsfelde | im Tierpark Friedrichsfelde | Tel. (0 30) 51 53 14 07 | www.schloss-friedrichsfelde.de | Di–So tgl. 10–18 Uhr, im Winter 10–16.30 Uhr | U-Bahnhof Tierpark

Willkommen im Tierpark

Tierpark Friedrichsfelde | Am Tierpark 125 | 10307 Berlin | Tel. (0 30) 51 53 10 | Nov.–Mitte März 9–17, Ende März, Sep./Okt. 9–18, Apr.–Aug. 9–18.30 Uhr

Oben: Der Giebelfries an der Südseite des Schlosses zeigt die „Taten des Herakles“
Unten: Vollkommen friedlich geht es hingegen in der idyllischen Gartenanlage zu

44 Schloss & Park Charlottenburg
Ein Ort der Stille und des Staunens

505 Meter breit, behäbig und freundlich eierschalengelb liegt das Charlottenburger Schloss an der Spree. Die prächtige Innenausstattung versetzt in Staunen und beim Schlendern durch den weitläufigen Park verfliegt die Zeit wie im Nu.

Neben der eleganten Kupferkuppel gehören zum standesgemäßen Inventar des Hohenzollernschlosses Skulpturen vorm Hauptportal. Und im Rücken ein prachtvoller Garten nebst Springbrunnen und Karpfenteich.

Ein zweiter Blick auf die Details des Bauwerkes offenbart, dass hier ein Who's who der Berliner Baugeschichte zugange war, darunter viele Architekten, die auch das Berliner Stadtschloss bestückten. Doch was sich im Stadtzentrum zu einer wuchtigen Prachtfassade einen musste, wuchs auf dem ehemaligen Landsitz zu einer eleganten und harmonischen Kulisse für ein entspanntes Tun und Lassen im Schlossgarten.

Hier laden im Sommer Liegestühle zum nächtlichen Open-Air-Kinovergnügen ein, im Winter sind der kleine Teich und die angrenzenden Flussarme ein beliebter Tummelplatz für Eisläufer, rund ums Jahr ist die teils mit barocken Hecken und Wasserspielen verzierte, teils dicht baumbestandene Parkanlage beliebtes Ziel von Spaziergängern. Hat die Seele genug gebaumelt, so finden sich im Schloss und in der direkten Nachbarschaft verschiedene exzellente museale Sammlungen.

So beeindruckend es heute ist, so lauschig und klein begann es einst: Das Schloss, das damals noch Schloss Lietzenburg hieß, war der Ort, wohin sich Sophie Charlotte, die Gattin des Kurfürsten Friedrich III., zurückzog, um befreundete Geisteswissenschaftler zum Gespräch einzuladen oder um rauschende Bälle zu veranstalten. Etwa um 1700 war das Schloss Lietzenburg noch verhältnismäßig klein und bestand nur aus dem heutigen Mittelteil, der nach seinem Baumeister auch Nehringbau genannt wird und im Stil des italienischen Barocks gehalten ist. Hier empfing die philosophisch und musisch interessierte Königin zum Beispiel ihren Lehrer Leibniz, der ihr die Gründung der bis heute bestehenden Akademie der Wissenschaften zu verdanken hat.

Nachdem aus Sophie Charlottes Ehemann der „König in Preußen" Friedrich I. und so aus ihr selbst die Königin geworden war, wurde das Landschlösschen standesgemäß von Eosander von Göthe um die Kuppel erweitert. Und als die Königin 1705 früh verstorben war, kamen der Ehrenhof und der westliche Flügel als Orangerie dazu. Nun bekamen sowohl das Schloss als auch das nahegelegene Dorf ihr zu Ehren den Namen Charlottenburg.

Auch einige der folgenden Generationen von Herrschern nutzten das Schloss als Wohnsitz und fügten dem Gebäude Ergänzungen hinzu, natürlich jeweils das Edelste, was die Epoche zu bieten hatte. Sophie Charlottes Enkel, der musisch begeisterte Friedrich II., bewohnte das Schloss nach seiner Thronbesteigung und ließ von Knobelsdorff den sogenannten „Neuen Flügel" im Stil des Rokoko bauen. Doch als 1747 Schloss Sanssouci bei Potsdam vollendet war, zog er lieber dort hin. Unter seinem Neffen und Thronfolger Friedrich Wilhelm II. errichtete Carl Gotthard Langhans das Theater und das Teehaus Belvedere im Schlosspark. Und für dessen Sohn und Nachfolger Friedrich Wilhelm III. entwarf Schinkel den *Neuen Pavillon*, eigentlich ein im Stil einer neapoli- →

Abends erstrahlt das Charlottenburger Schloss in festlicher Beleuchtung

← tanischen Villa erbautes Landhaus. Er steht am Ende des Westflügels direkt an der Spree. Die Kasernenbauten von August Stüler gegenüber dem Schloss vervollständigen das Ensemble.

Der Park hinter dem Schloss wurde ursprünglich als französischer Barockgarten angelegt, der Mode folgend später in einen englischen Landschaftsgarten umgewandelt. Nach den Zerstörungen im Zweiten Weltkrieg wurde der Park nach barockem Vorbild wiederhergestellt. Die heutige, mit Broderie verzierte Anlage stammt aus den 1950er Jahren. Von der Terrasse aus bietet sich ein elegantes Panorama: Scharf umrissene, verschnörkelte Bordüren des Barockgartens schwingen sich in Richtung See, in ihrer Mitte steigt eine Brunnenfontäne auf. Zwei schnurgerade Baumreihen säumen die Anlage, parallel dazu fließt die Spree am Anwesen entlang und speist einen Karpfenteich am Ende der Wege. Hier, auf ein paar Stufen, kann man sich niederlassen, um das idyllische Treiben auf dem Wasser – sommers Enten, im Winter gerne Eisläufer – zu betrachten. Dann entdeckt man hinter der eisernen Brücke am Ende des Sees einen türkisen Farbfleck im Grünen – das Teehaus Belvedere, das sowohl barocke wie klassizistische Züge trägt. Im Innern verbirgt sich filigrane Kunst: Meisterwerke der *Königlichen Porzellan-Manufaktur Berlin* sind in dem denkmalgeschützen Gebäude zu besichtigen.

Vom Teich aus führen Gräben, Bäche und Spazierwege durch den westlichen Teil des Parks. Am Ende einer schnurgeraden Tannenallee steht ein kleiner, säulenverzierter, dorischer Tempel. Das Mausoleum baute Friedrich Wilhelm III. für seine Frau Luise, er selbst und eine Reihe seiner Angehörigen fanden hier ebenfalls die letzte Ruhe. In der Zeit von April bis Oktober sind die Sarkophage in der Vorhalle zugänglich.

Es lohnt sich, den Blick von den Außenanlagen auf das darin Verborgene zu richten. In enger Nachbarschaft sind hier hochkarätige Ausstellungen der unterschiedlichsten Richtungen zu be-

Die barocke Parkanlage ist ein Kunstwerk, das man sich zu Fuß erschließen kann

sichtigen. Im Schloss sind die reich geschmückten Wohnungen ihrer königlichen Bewohner, angeführt von denen Sophie Charlottes, samt Wandvertäfelungen und Deckengemälden zu besichtigen. Im *Neuen Flügel* ist die größte Sammlung französischer Malerei des 18. Jahrhunderts außerhalb Frankreichs zu sehen.

Der von Schinkel entworfene Neue Pavillon wurde bis 2011 umfassend saniert und beherbergt seitdem eine Ausstellung mit neuem Konzept: Das inventargetreu eingerichtete Erdgeschoss gibt die Atmosphäre des königlichen Sommerhauses wieder, daneben finden sich Porträts und Vedutenmalerei aus dem frühen 19. Jahrhundert. Das Obergeschoss ist Karl Friedrich Schinkel und seinen Zeitgenossen gewidmet.

Gegenüber dem Schloss, im *Stülerbau*, hat die Sammlung Berggruen ihren Sitz. Der im Februar 2007 verstorbene Sammler vermachte bereits zu Lebzeiten seine ausgezeichnete Kollektion der klassischen Moderne mit Arbeiten von Picasso, Klee, Giacometti und Matisse der Stadt. Was in den stillen Räumen hängt, gehört zu den wichtigsten Stücken der Epoche. Direkt gegenüber befindet sich die Sammlung der Gipsabgüsse, nach denen die Berliner Künstler einst ihr Handwerk übten. Etwas kurios ist das Ganze: Kopien von berühmten Statuen und Reliefe aus 3000 Jahren drängeln sich in der Halle zum Klassentreffen der Antike.

Schloss Charlottenburg | Spandauer Damm 20–24 | 14059 Berlin | Tel. (0 30) 32 09 11 | Altes Schloss: Apr.–Okt. Di–So 10–18 Uhr, Nov.–März Di–So 10–17 Uhr | Neuer Flügel: Apr.–Okt. Mo/Mi–So 10–18, Nov.–März Mo/Mi–So 10–17 Uhr | U-Bahnhof Sophie-Charlotte-Platz

Tafeln im Schloss

Kleine Orangerie | Café-Restaurant | Spandauer Damm 20 | 14059 Berlin | Tel. (0 30) 3 22 20 21 | www.kleineorangerie.de | Apr.–Sep. tgl. 10–19, Okt.–März Di–So 10–17 Uhr

Das Teehaus Belvedere wurde nach alten Stichen rekonstruiert

45 Schlosspark und Künstlerhof Buch
Über 14 Brücken musst du geh'n

Baukunst und Bausünde, Natur und alternatives Leben: In Berlin-Buch liegt alles sehr nah beieinander. Wer die romantische Seite von Buch kennenlernen will, wählt den Spaziergang durch den Schlosspark und über das Gelände der alten Krankenhausbauten.

Im Herzen von Buch liegt ein kleiner Park, in dem die historische gartenarchitektonische Anlage nun wieder gepflegt wird, ein barockes Kirchen-Kleinod und ein Hof voller Künstler. Der Schlosspark Buch ist eine charmante, kleine Anlage und kann auch Station auf einem Ausflug in den Bucher Altforst sein.

Die Struktur des Ortes lässt heute noch die Anlagen des herrschaftlichen Guts erahnen, das es hier einmal gab. Die deutlichsten Spuren hinterließ der Minister Adam Otto von Viereck, der sich beim Bau seines Herrenhauses im 18. Jahrhundert von nichts geringerem als Versailles inspirieren ließ. Man erwarte in Buch nun aber keine prächtigen Anlagen: Das Herrenhaus war ein sehr kleines Schloss, und es wurde zu DDR-Zeiten aus ideologischen Gründen abgetragen. Eine Terrasse über dem Park, zwischen dessen uraltem Baumbestand die Panke in unzählige kleine Arme zerteilt fließt, ist alles, was von ihm übrig ist.

Den Schlosspark ließ Ende des 17. Jahrhunderts der Freiherr von Pöllnitz im holländischen Stil gestalten und legte Teiche und Kanäle an – darüber führen 14 Brücken, und bezeichnenderweise rühmt man sich der kleinsten Berliner Brücke.

14 Brücken führen über die Kanäle im Schlosspark Buch

Allein, welche von Ihnen nun wirklich die kleinste sei, ist schwer zu beurteilen. Der Park ist heute leicht verwildert, die Wege moosbewachsen. Mit etwas Glück lassen sich hier sogar am Tag Rehe beobachten. Es ist zudem einer der wenigen Orte in Berlin, wo man weißblühende Anemonen finden kann.

Wenn auch das Herrenhaus selbst nicht mehr steht, so leuchtet doch die dazugehörige Schlosskirche rosa und weiß durch die Bäume. Eine Perle der barocken Kirchenbaukunst aus dem Jahr 1736, Portikus, Dreiecksgiebel, vier Säulen toskanischer Ordnung inklusive. Nebenan liegen auch die zum Schloss gehörigen Gehöfte, erbaut Ende des 19. Jahrhunderts und heute denkmalgeschützt. Nun befinden sich in den ehemaligen Ställen Künstlerateliers und Werkstätten.

Auf dem Hof bietet sich auch das Lokal *Künstlerhof* zur Einkehr an. In dem großzügigen Restaurant mit Glasfront treffen monderne Elemente auf originale Bausubstanz: Vom Deckengebälk hängen elegante Kronleuchter und eine Sammlung abstrakter Bilder hebt sich hinter dem Tresen von der roten Ziegelwand ab. Die Speisekarte setzt auf Regionales mit dem besonderen Dreh. Bisweilen werden Konzerte und Kleinkunstauftritte veranstaltet.

Folgt man im Schlosspark dem Lauf der Panke nach Norden, stößt man auf dem Gebiet der ehemaligen Ländereien auf die Krankenhausbauten aus der Anfangszeit von Buchs medizinischer Karriere. Eine ungewöhnliche Anlage mit nostalgischem Charme, die durchaus sehenswert ist.

Schlosspark Buch | S-Bahnhof Buch

In Buch

Restaurant Künstlerhof | Alt-Buch 45–51 | 13125 Berlin | Tel. (0 30) 94 39 74 40 | Di–Sa ab 12, So ab 10 Uhr

Schlosskirche | Alt-Buch 36 | Tel. (0 30) 9 49 71 63

Auf dem Hof befindet sich auch das Restaurant Künstlerhof

46 Seddinsee
Rudern auf dem stillen Waldsee

Der idyllische See liegt, von Wald umgeben, im äußersten Südosten Berlins. Seerosen umwuchern ein paar unbewohnte Inseln und am Ufer und in den verzweigten Gosener Gräben lassen sich seltene Vögel und verwunschene Ecken finden.

Der Seddinsee ist Teil des Oder-Spree-Kanals und damit Teil einer Wasserstraße. Aber auch für den Schiffsverkehr im Kleinen ist es hier wunderschön: Kanus, Ruderboote, Segler und Motoryachten sind gerade im Sommer zahlreich anzutreffen.

Gosen ist ein kleines Dorf am südlichen Ufer des Sees, das zur Ortschaft Neu-Zittau gehört. Wie im Fall von Friedrichshagen (→ Seite 80) wurde auch die Gründung Neu-Zittaus durch Friedrich II. veranlasst, der im Berliner Umland Spinnereien ansiedelte. Wirtschaftlich war das allerdings weniger rentabel als geplant, die angesiedelten Familien wandten sich später der Schifffahrt zu.

Um eine Ruderpartie zu unternehmen, kann man beispielsweise direkt an der, von Flieder umstandenen, Gosener Dorfkirche parken oder aus dem Bus steigen. Von hier aus führt der Weg geradeaus durch eine Laubenpiepersiedlung zum Ufer und zum Bootsverleih. Und nun sind die Möglichkeiten unbegrenzt, soweit die Armmuskulatur reicht. In Richtung Osten führen die Gosener Gräben durch Erlenbruchwälder in das Naturschutzgebiet Gosener Wiesen. Es liegt zwischen Müggelspree, Dämeritzsee und Seddinsee

Verschnaufpause für müde Ruderer: kleine Inseln im Seddinsee

im Spreetal und ist knapp 100 Hektar groß. Da es nur schwer über Wege zugänglich ist, ist es ein Refugium für gefährdete Tierarten wie zum Beispiel den Fischotter, aber auch für vom Aussterben bedrohte Insektenarten. Mit etwas Glück erspäht man Greifvögel, Reiher, Störche, Haubentaucher oder Eisvögel in freier Wildbahn.

Rudert man an den Inseln Dommelwall und Nixenwall vorbei und hinaus auf den Seddinsee, kann man an zwei aus dem Wasser ragenden Bäumen verschnaufen und sich überlegen, ob man einen Kilometer bis zur Insel Seddinwall oder gar vier bis nach Schmöckwitz rudern kann und möchte.

Schmöckwitz ist von drei Seiten mit Wasser umgeben: dem Seddinsee und dem Zeuthener See sowie dem Langen See. Man kann die Struktur des Fischerdorfes aus der ersten Hälfte des 19. Jahrhunderts noch gut erkennen. Durch den Anschluss an die Berliner Straßenbahn 1905 wurde Schmöckwitz zum beliebten Ausflugsziel. Die *Schmöckwitz-Grünauer Uferbahn* mit der Nummer 68 fährt noch immer in einer 15-minütigen Fahrt am Langen See entlang bis zur Wendeschleife Alt-Schmöckwitz.

Ein Stück weiter, südlich der Schmöckwitzer Brücke, liegt das Restaurant *Strandlust* auf einem historischen holländischen Schiff aus dem Jahr 1872, das nun im Seddinsee ankert. Hier kann man einen romantischen Ausflugstag in aller Ruhe ausklingen lassen.

Seddinsee | S-Bahnhof Erkner, dann Bus 428 bis Gosen, Eiche

Weitere Tipps

Restaurant Strandlust | Seddinpromenade 3a | 12527 Berlin | Tel. (0 30) 6 75 86 26 | März–Okt. Di–So ab 11 Uhr

Bootsverleih Gosen | Bruchweg | 15537 Gosen-Neu Zittau | Tel. (0 33 62) 82 09 86 | www.bootsverleih-gosen.de | Apr.–Okt. 9–20 Uhr

47 Sophienstraße & Auguststraße
Kunstmeilen der Spandauer Vorstadt

Die Spandauer Vorstadt, die neue Mitte Berlins, schmuck und saniert, verströmt mit ihren kleinen, verkehrsarmen Straßen, hundertjährigen Wohnhäusern und Gewerbehöfen, mit Werkstätten, Kunstgewerbe, originellen Geschäften und Theatern, Galerien, Cafés und Weinlokalen und schönen Kneipen einen fast kleinstädtischen Charme. Ein Spaziergang.

Die Sophienstraße zweigt unscheinbar von der Rosenthaler Straße ab. Man erreicht sie auch, wenn man aus dem Hinterausgang der Hackeschen Höfe hinaustritt. Sie führt zur Sophienkirche, geschmückt mit dem einzig barocken Kirchturm der Stadt, und dem dazugehörigen Friedhof. Ab hier geht es durch Höfe und verkehrsberuhigte Straßen, vorbei an hübschen Auslagen und malerischen Winkeln. Schon bei Hausnummer 18 blickt man durch eine säulengeschmückte Einfahrt in einen betriebsamen Hof. Eine Gedenktafel erinnert an die Geschichte des Anwesens als Sitz des Handwerkervereins. Neben einigen Galerien befinden sich hier die Sophiensaele, Stätte ambitionierter und prämierter Theater- und Tanzproduktionen im Saal, in dem die abblätternde Farbe trotz Sanierung zum Gesamtbild gehört.

Spätestens bei Hausnummer 21 lohnt sich das Abbiegen in die Anlage aus zwei Höfen, die zur Gipsstraße führen. Hier war einmal eine medizinische Gerätefabrik ansässig, die Neugestaltung des Anwesens trägt die Handschrift des neuen Eigentümers: Durchgänge und Freiflächen sind mit modernen Lichtinstallationen, Gartenkunst und Wandmalerei gestaltet. Das ist der Sammlung Hoffmann zu verdanken, die in den oberen Stockwerken ansässig ist. Die private Sammlung, verwaltet und fortgeführt von der Witwe des Sammlers, ist samstags nach Anmeldung zu besichtigen, ein absolut empfehlenswertes Erlebnis für Kunstinteressierte. Zudem befinden sich in den Sophien-Gipshöfen auch verschiedene zeitgenössische Galerien.

Inmitten der Höfe stehen Tische und Stühle vor dem großen Fenster von *Barcomi's Deli*. Hier sitzt man wirklich lauschig und kann den Passierenden zusehen, die Ruhe und der Blick aufs modernisierte Biedermeier-Ensemble genießen und sich mit leckeren Bagels, Sandwiches und Kleingerichten stärken. Der Ableger eines Kreuzberger Cafébetriebes ist bekannt für seine unzähligen Kaffeesorten.

Deftiger und bodenständiger speist man im *Sophieneck*. Die Abfolge der früheren Betriebe im Haus zeichnen ein Geschichtsbild des Straßenzuges: Eine Dampfwäscherei war ansässig, ein Fuhrunternehmen, eine Bäckerei und ein Bestatter. Seit den 1990er Jahren gibt es die urige Kneipe, die Besucher und Mitte-Hipster bis nachts mit Kartoffelsuppe, Bouletten und Kassler bewirtet.

Am *Sophieneck* kreuzt die Große Hamburger Straße und führt zur Auguststraße. Die historischen Details zu dieser Straße drehen sich allesamt um das Leben der jüdischen Bevölkerung, die die Spandauer Vorstadt ehemals bewohnte, zum Beispiel steht noch das Gebäude der ehemaligen Jüdischen Mädchenschule. Es ist nun Teil der Kunst und Galerienszene ringsumher: Ein lichter Bau der Neuen Sachlichkeit mit beeindruckenden Holzdecken und zahlreichen Relikten, die an die frühere Nutzung erinnern: Eine Schultafel im Restaurant *Kosher Classroom* etwa. Das Erdgeschoss gehört der Gastronomie, hier bewirtet auch →

Oben: In der Sophienstraße sind Traditionslokale und moderne Shops vereint
Unten: Die Jüdische Mädchenschule beherbergt unter anderem die Galerie Fuchs

← der *Pauly Saal* im Stil der 1920er Jahre. Im ersten Stock ist das Museum *The Kennedys* eingezogen, und im zweiten Stock teilen sich drei Galerien für zeitgenössische Kunst die Klassenzimmer und die Aula. Weitere Galerien sind in Auguststraße und parallel verlaufender Linienstraße wie auf einer Perlenschnur aufgereiht. Hauptquartier der Kunstszene sind die *Kunstwerke,* ansässig in der Hausnummer 69. Auch dieser Hinterhof geht auf einen ehemals industriellen Betrieb zurück und war einmal eine Margarinenfabrik. Resultierend aus dem bereits angesprochenen Kunstleben der 1990er Jahre entstand hier ein Haus für Ausstellungen moderner Kunst. Die Innenhofgestaltung besticht hier durch die perfekte Verquickung des alten Gemäuers mit der Handschrift des Lichtinstallationskünstlers Dan Flavin, der einen kleinen gläsernen Kubus schräg ins Gebäude setzte und damit einen leichten, luftigen Ort schuf. Den Hof erreicht man über hölzerne Stege, im Sommer durch eine Bepflanzung mit Hopfen hindurch.

Ein Ort, wo sich die dazugehörigen Künstler treffen, aber nicht nur, ist das Ballhaus Mitte. Das Haus liegt etwas zurückgesetzt von der Straße, der Vorgarten ist eine kleine Oase unter Bäumen. Die marode Front des Gebäudes birgt das fast hundertjährige Interieur eines klassischen Tanzlokals *Clärchen,* das seine Tradition auch nach der Übernahme durch jüngere Betreiber nicht gebrochen hat, sondern erfolgreich weiterführt. Die unverwüstlichen Hits der 20er, 30er, 40er, 50er usw. Jahre werden nun von hippen Schallplattenunterhaltern und der Ballhaus-Band präsentiert. Es gelingt eine Mischung, die nach wie vor die rüschengeschmückten Senioren aufs Parkett lockt, aber auch unwiderstehliche Anziehung auf sämtliche jüngere Generationen ausübt. Auf der Tanzfläche mischt sich langtrainierter Paartanz mit hemmungslosem Freestyle. Verbindendes Glied ist die immerwährende Partymusik, zu der sich keiner der Anwesenden außerhalb des Etablissements bekennen würde ... zu erwähnen sei noch, dass auch Swing- und Tangoabende im Programm stehen, die Pizza hervorragend ist und es im Obergeschoss weitere Räume gibt: Den hochromantischen Spiegelsaal und das gemütliche Kaminzimmer, die allerdings nur zu besonderen Veranstaltungen geöffnet sind.

Fürs verträumte Verweilen am lauschigen Ort für Spaziergänger, die in der Auguststraße tagsüber rasten möchten, sei noch das *Strandbad Mitte* genannt. Ein Gewässer ist hier zwar weit und breit keins zu sehen, allein das mit Kacheln geschmückte Interieur ist wasseraffin. Highlight ist die Freifläche vor dem Lokal mit sonnenbeschirmten Liegestühlen am Ende der Sackgasse der kleinen Hamburger Straße gelegen, luftig in der Nachbarschaft eines Fußballplatzes.

Sophienstraße & Auguststraße |
S-Bahnhof Hackescher Markt

Schöne Orte

Clärchens Ballhaus | Auguststraße 24 | 10117 Berlin |
Tel. (0 30) 2 82 92 95 | www.ballhaus.de

Sophieneck | Große Hamburger Straße 37 | 10115 Berlin |
Tel. (0 30) 2 83 40 65 | www.sophieneck-berlin.de | 12–2 Uhr

Sammlung Hoffmann | Sophienstraße 21 | 10178 Berlin |
Anmeldung zur Führung in Kleingruppen unter
Tel. (0 30) 28 49 91 21 | www.sophie-gips.de | Sa 11–16 Uhr

Bei Clärchen wird Berliner Ballhaus-Kultur erfolgreich fortgeführt

48 Späthsches Arboretum
Liebevoll beschilderte Artenvielfalt

Schmale Wege führen durch den kleinen Park, Wasserläufe durchziehen ihn und es gibt auch einen Teich. Dabei ist der Garten von einer ganz besonderen Intimität inmitten all des Grüns und der duftenden Blüten.

Ungewöhnlich auch die vielen weißen Schildchen in Kniehöhe, die jedes Gewächs betiteln: Dies ist nicht irgendein Park, sondern Teil der Späthschen Baumschulendynastie und versammelt 1 200 Gehölze, einen Steingarten und ein Beet mit Gewürz- und Arzneipflanzen. Ein kleiner, romantischer Spaziergang führt gleichzeitig auf gedankliche Weltreise durch alle Erdteile.

Die Straßennamen der Umgebung verraten es schon: Sie sind entweder nach der Baumschule Späth benannt oder tragen Pflanzennamen. Der ganze Stadtteil fußt auf der Geschichte des Späthschen Familienunternehmens. Die Gärtnerei war 1720 nahe des Halleschen Tors gegründet worden und zog in der nächsten Generation bereits aus Platzgründen in die Köpenicker Straße um. Der fünfte Inhaber, Franz mit Namen, gründete 1863 schließlich die Baumschule in Treptow. Zu diesem Zweck kaufte er 60 Besitzern ihre Wiesen ab und schuf damit die Grundlage für die zur Jahrhundertwende weltgrößte Baumschule.

Standesgemäß gehört zur großen Länderei natürlich ein Herrenhaus, das 1874 errichtet wurde. Fünf Jahre später wurde es mit einem englischen Landschaftspark umgeben, den der Lenné-Schüler und Hofarchitekt Gustav Meyer anlegte, der sich

Das alte Herrenhaus ist heute Institutsgebäude der Humboldt Universität

auch für die Gestaltung des Treptower Parks verantwortlich zeichnete (→ Seite 124). Der Hausgarten war zunächst Versuchsfeld und Schaugarten für die zahlreichen Späthschen Neueinführungen und Neuzüchtungen von Gehölzen und diente der Gewinnung von Saatgut. So wuchs der Bestand des Arboretums heran. Steht man vor dem Wohnhaus, das klassizistisch mit Rundbögen und dekorativen Pedimenten in Gelb- und Rottönen geschmückt ist, liegt die *Gehölzsammlung* mit Teich und Steingarten aus dem Jahr 1928 linker Hand, rechts der Einfahrt befindet sich der Teil des Gartens, der vor dem Zweiten Weltkrieg ein Rosarium war und heute Arznei- und Gewürzpflanzen beheimatet.

Die Baumschule Späth ist heute der älteste Gewerbebetrieb Berlins, der noch arbeitet – allerdings mit Unterbrechungen. Dem damaligen Inhaber der Baumschule, Dr. Hellmuth Späth, wurde von den Nationalsozialisten Umgang mit Juden und Verrat vorgeworfen, er starb 1945 im Konzentrationslager Sachsenhausen. Die Späthsche Baumschule wurde DDR-Volkseigentum (und nach der Wende restituiert), das Arboretum und das ehemalige Wohnhaus gehören seit den 1960ern zum Institut für Botanik der Humboldt-Universität und wurden als Open-Air-Pflanzenmuseum schon bald der Öffentlichkeit wieder zugänglich gemacht. Hierher pilgern seither sowohl Botanik-Spezialisten als auch die Treptower Nachbarschaft zu Führungen, Sonntagskonzerten oder dem alljährlichen Herbstmarkt im September.

Arboretum und Baumschule | Späthstraße 80–81 | 12437 Berlin | Tel. (0 30) 6 36-6941/-8306 | Apr.–Okt. Mi/Do, Sa/So/Fei 10–18 Uhr | S-Bahnhof Baumschulenweg, dann Bus 170 oder 265

Einkehren in der Baumschule

Hofcafé Späth | In der Baumschule | Tel. (0 30) 63 90 03 23 | Tgl. 10–17 Uhr

Exotische Blütenpflanzen lassen fast vergessen, dass man gerade in Berlin ist

49 Spreepark im Plänterwald

Verlassen, verrostet, aber unvergessen

Einst drehten hier die Gäste heitere Runden mit dem Kaffeetassenkarussell oder ließen sich auf dem Riesenrad in luftige Höhen gondeln. Diese Zeiten sind vorbei, seit 2002 liegt der Vergnügungspark still – und zieht gerade durch seine fortschreitende Verwilderung inzwischen wieder Gäste an.

Südlich der Flugstation sieht man den Plänterwald liegen, ein Riesenrad mit bunten Gondeln überragt seine Wipfel. Der Spazierweg führt in großem Bogen am Ufer entlang und am stillgelegten Vergnügungspark vorbei. Der ist momentan leider nicht zugänglich, aber es finden spezielle Führungen am Zaun statt, die einen Eindruck davon vermitteln, wie bunt und vergnüglich es zu DDR-Zeiten hier zuging.

1969 eröffnete das Gelände unter dem Namen *Kulturpark Plänterwald* und wurde als einziger Freizeitpark in der DDR bald zum Besuchermagnet. Nach der Wende übernahm ein privater Investor den Park und gestaltete ihn nach westlichem Vorbild. Dennoch hatte der Vergnügungsort ab 1999 mit hohen Schulden zu kämpfen, die schließlich das Aus bedeuteten.

Heute liegt der Spreepark im Dornröschenschlaf: Da blättert die Farbe von den Fuhrgeräten, den Achterbahnwägelchen, die irgendwo im Busch parken, den Dinosauriern, die auf einer Wiese umgefallen liegen, und den Fahrkabinen, die auf einen Haufen aufgetürmt wurden. Eine morbide Faszination geht von der verrotteten Anlage aus und gilt als Eldorado für Hobbyfotografen.

Seit 2014 gedeihen konkrete Pläne für eine Wiedereröffnung. Das Land Berlin kaufte das Erbbaurecht zurück und will die notwendigen Sanierungen durchführen. Wie die im Detail aussehen und wer für den laufenden Erhalt des Parks aufkommt, muss noch geklärt werden. Auch die Frage, welche Attraktionen zukünftig zu sehen sind, ist noch unsicher. Fest steht lediglich, dass das weithin sichtbare Riesenrad erhalten bleiben soll.

Von dem Konkurs betroffen war auch das *Alte Eierhäuschen*, das als Verwaltungsgebäude des Freizeitparks diente, aber ursprünglich als Restaurant gebaut wurde und deren Vorgängerversion auch in Fontanes Roman *Der Stechlin* vorkommt, die später ausbrannte und 1891 durch das jetzige, neogotische Gebäude ersetzt wurde. Sein spitzgiebeliger Turm diente auch als Wasserspeicher. Direkt an der Spree gelegen, war es einst eine Verkaufsstelle von Eiern an die vorbeikommenden Schiffer, was ihm seinen Namen einbrachte.

Heute sind die Fenster des hübschen Baus verbarrikadiert und ein Zaun umgibt das stark einsturzgefährdete Gebäude. Wann das Lokal seinen Betrieb wieder aufnimmt ist ungewiss. Immerhin ein Lichtblick: Für seine Sanierung will der Bezirk Treptow-Köpenick mehrere Millionen Euro bereitstellen.

Spreepark | S-Bahnhof Plänterwald

Ganz in der Nähe

Segelschiffrestaurant Klipper | Bulgarische Straße | 12435 Berlin | Tel. (0 30) 53 21 64 90 | www.klipper-berlin.de | Tgl. ab 10 Uhr

Archenhold-Sternwarte | Alt-Treptow 1 | Tel. (0 30) 5 34 80 83 | www.sdtb.de | Mi–So 14–16.30 Uhr | Führungen Do 20 Uhr, Sa/So 15 Uhr

Oben: Das Riesenrad ist von Weitem sichtbar und soll erhalten bleiben
Unten: Die Natur hat den Park zurückerobert und zum verwunschenen Ort gemacht

50 Strandbar Mitte & Monbijoupark
Im Wiegeschritt durch den Abend

Zugegeben, an der Strandbar Mitte kann man nicht baden. Genaugenommen ist dort seit der großen Sanierung auch gar kein Strand mehr. Und dennoch stellt sich bei einem kühlen Drink unter den Lichterketten, umgeben von Palmen und mit Salsa-Rhythmen im Ohr, sofort ein Gefühl von Copacabana ein.

Es begann, wo so mancher Trend entsteht: in Mitte. Am Monbijoupark entstand die Strandbar, die sich rühmt, nicht nur die erste der Stadt, sondern auch die erste in Deutschland überhaupt gewesen zu sein, als sie im Jahr 2002 viele Kubikmeter märkischen oder brandenburgischen Sand auf die Uferseite gegenüber des Bodemuseums kippte und die Liegestühle aufklappte – eine Idee, die inzwischen bundesweit dutzende Nachahmer gefunden hat. Mit Blick auf vorbeiziehende Ausflugsdampfer auf der Spree, Sonnenölduft in der Nase und einem Kaltgetränk in der Hand wurde aus einem Sommertag ein Urlaubstag.

Inzwischen wurde das Konzept der Strandbar Mitte völlig umgekrempelt: Die Liegestühle wichen fast komplett Holztischen und Stühlen. Nur noch eine Reihe direkt am Wasser mit Blick auf die Museumsinsel ist erhalten und dementsprechend begehrt. Der Sand ist zugunsten einer Bühne mit Holzbrettern verschwunden. Und gerade die lockt nun bei gutem Wetter mit einem spannenden Angebot: Im Sommer wirbeln, schwingen, drehen und wiegen sich darauf täglich Paare übers Parkett – wahlweise zu Swing, Lindyhop oder lateinamerikanischen Klängen. Das Zugucken macht beinahe genauso viel Spaß wie das schwofen selbst und manchmal kann man vom Liegestuhl aus richtige Profis beobachten. Wer beim Anblick von soviel Dynamik selbst aktiv werden und womöglich ein neues Hobby für sich entdecken möchte, kann in Einführungskursen für wenig Geld erste Erfahrungen sammeln. Man sollte allerdings gesellig sein – die Strandbar ist sowohl beliebt als auch zentral gelegen und dementsprechend ist hier immer viel los.

Der nah gelegene Monbijoupark besteht aus spärlichen Wiesen, deren größter Reiz darin besteht, dass man von hier aus auf die Alte Nationalgalerie und den Dom hinüberblickt. Außerdem gibt es ein kleines Freibad für ebenso kleine Kinder.

Umso lohnenswerter sind aber die Aufführungen des *Hexenkessel Hoftheaters* im Amphitheater. Das spielt seit 1994 temperamentvoll – vor allem, aber nicht nur – Shakespeare. Von Juni bis September werden an den Spielabenden gleich zwei Inszenierungen unter freiem Himmel gezeigt, dabei geht es opulent, direkt und rasant zu: Eine kleine Truppe scheut die ganz großen Stücke der Bühnenliteratur nicht und inszeniert ein pralles Volkstheater jenseits des Trivialen und diesseits der Commedia dell'Arte. Im Winter rückt man zusammen in der urigen Märchenhütte – erzählt wird nicht nur für Kinder!

Strandbar Mitte | Monbijoustraße 3 | 10117 Berlin | www.strandbar-mitte.de | Mai–Sep. tgl. ab 10 Uhr | S-Bahnhof Hackescher Markt

Theater an der Strandbar

Hexenkessel Hoftheater | Amphitheater im Monbijoupark | Tickethotline: (0 30) 2 88 86 69 99 | www.monbijou-theater.de | Juni–Sep. tgl.

Oben: Am Tag Strandbar, am Abend tanzbar: die Strandbar Mitte
Unten: Der Wagen gehört zum „Hexenkessel Hoftheater“

51 Tiergarten
Eine Bootstour auf dem Neuen See

Weite, von kleinen Wasserläufen und Baumgruppen durchzogene Rasenflächen, verwunschene Seen mit kleinen Inseln, Brücken und weite Alleen. Der Tiergarten eignet sich hervorragend für ein romantisches Picknick mit anschließender Bootstour.

Vor einem Ausflug in den Tiergarten lohnt sich ein Blick in den Veranstaltungskalender. Denn ein paar Mal im Jahr geht es hier hektisch und ungemütlich zu. Dann laufen Tausende von Turnschuhpaaren über die sandigen Wege und versuchen, auf einer der zahlreichen Berliner Laufveranstaltungen nicht als letzte ins Ziel zu kommen. Außerdem gibt es noch einige Musik- und Partyveranstaltungen, die die Massen hier in der geografischen Mitte Berlins versammeln. In der ganzen restlichen Zeit des Jahres aber herrscht hier eine idyllische Ruhe.

Dann sind einzelne Picknickdecken zwischen den Büschen besetzt, und für den Spaziergänger gibt es Skulpturen, blühende Schmuckgärten und unzählige romantische Bänkchen und ruhige Plätze zu entdecken. Vogelgesang liegt über dem fernen Rauschen des Stadtverkehrs. Des Weiteren finden sich schöne Möglichkeiten zur Einkehr und, am südwestlichen Ende des Parks, auch wirklich Tiere: Der Spaziergang lässt sich im Zoo und im Aquarium fortsetzen.

Mit Tieren nahm auch alles seinen Anfang: Im 16. Jahrhundert wurden Wildtiere im damals noch vor der Stadtgrenze liegenden Waldgebiet eingezäunt, um den kurfürstlichen und königlichen Jägern nicht zu entwischen. Das Jagdrevier wurde langsam über die heute bestehende Fläche und darüber hinaus ausgeweitet. Die wachsende Stadt beschränkte das Gebiet schließlich, um 1700 entstanden die heutigen Strukturen, beispielsweise wurde die Straße, die heute Straße des 17. Juni heißt, gebaut, um schnell zum Schloss Charlottenburg zu gelangen. Ihre Breite hat die Straße allerdings den Aufmarsch-Fantasien Speers und Hitlers zu verdanken.

Friedrich der Große ließ den Tiergarten Mitte des 18. Jahrhunderts vom Architekten von Knobelsdorff zu einem spätbarocken Lustpark für die Bevölkerung umgestalten. Sein Großneffe Friedrich Wilhelm III., König zu Beginn des 19. Jahrhunderts, engagierte Peter Joseph Lenné, um daraus einen englischen Landschaftspark zu machen. Ordnungselemente von von Knobelsdorff wurden erhalten, jedoch feuchte Waldgebiete trockengelegt und Reit-, Fahr- und Spazierwege angelegt. Einzelne schmuckgärtnerische Anlagen – Luiseninsel, Rosengarten, Englischer Garten (→ Seite 28) – kamen hinzu.

Der Tiergarten, das sind bisweilen 207 Hektar Blütenmeer, besonders prunkt der südöstliche Teil mit Rhododendren. Wirklich alte Bäume gibt es allerdings nur sehr vereinzelt. Die, die den Zweiten Weltkrieg überstanden haben, wurden in der Nachkriegszeit zu Brennholz – der Tiergarten selbst zum Gemüsegarten. Für die Aufforstung kamen Baumspenden von überallher, sodass hier nun wieder einige Exoten zu finden sind.

Betritt man den Park im Südwesten, direkt hinter der Spanischen Botschaft, so gelangt man zum Neuen See und dem dazugehörigen Café. Das ist teils ein Biergarten mit Selbstbedienung und leckerer Pizza, teils ein Restaurant. Während man vogelumzwitschert unter den hohen Bäumen sitzt, plätschert es im Wasser leise: In bunten Ruder- →

Rudern quasi in der Innenstadt – über den Neuen See im Tiergarten

← booten rudern Väter ihre Kinder oder Jünglinge die zukünftigen Mütter ihrer Kinder vorbei.

Unweit des Neuen Sees, zwischen der Straße des 17. Juni, der Hofjägerallee und dem Landwehrkanal, tragen vier gusseiserne Löwen eine Holzbrücke. Sie stammt von Ludwig Ferdinand Hesse und wurde 1838 gebaut. Die breiten Geländer der schwingenden Brücke laden zum Sitzen und Pausieren mit Blick übers Wasser ein.

Spaziert man von hier aus am Tiergartenufer entlang, kann man auf der anderen Seite des Landwehrkanals die ersten Gehege des Zoos sehen. Kondore und afrikanische Wildhunde wohnen hier. Der Zoo an sich ist es Wert, dass man seinen Spaziergang auf eingefriedeten Wegen fortsetzt, allerdings muss man dazu einmal um das ganze Gehege herum gehen und an der Budapester Straße durchs Elefantentor oder am Hardenbergplatz durch das Löwentor gehen.

Im Rahmen der Neugestaltung des Tiergartens durch Lenné setzte sich dieser mit dem Naturforscher Alexander von Humboldt dafür ein, den Berlinern einen Tierpark zur Verfügung zu stellen. Zu diesem Zweck wurde der Bestand der königlichen Menagerie von der Pfaueninsel (↬ Seite 94) an den Rand des Tiergartens umgesiedelt. Deutschland hatte seinen ersten Zoo. Die Architektur der Tierhäuser, die in den nächsten Jahrzehnten gebaut wurden, unterstrichen den exotischen Flair. Wenig davon überstand den Krieg, und viele der Behausungen wirken eher zweckmäßig als hübsch. Aber einige der historischen Bauten, darunter die Tore, das Giraffenhaus und das Antilopenhaus, wurden erhalten und renoviert.

Vor dem denkmalgeschützten Aquarium thront ein riesiger, steinerner Saurier: Ein Iguanodon aus der Kreidezeit wacht über den Eingang zum liebevoll restaurierten Gebäude. Die begehbare Krokodilhalle war schon bei Eröffnung 1913 eine Sensation, in der feuchtwarmen Luft direkt über den träge herumliegenden Krokodilen herumzulaufen, ist nach wie vor aufregend.

Der Tiergarten ist ein grünes Meer im Stadtzentrum

Verlässt man den Zoo am Ausgang Hardenbergplatz wieder, nimmt rechterhand den Fuß- und Radweg entlang der Stadtbahngleise, stößt man bald noch einmal auf einen lauschigen Ort: Dort, an der Schleuseninsel, liegt der Biergarten *Schleusenkrug*. Obwohl in unmittelbarer Nähe der Züge, so ist der Platz doch auch einer derjenigen, die einen nach wenigen Schritten abseits der Straße zur Ruhe kommen lassen. Neben dem freundlichen, hellblauen Gebäude kann man Ausflugsschiffe vorbeifahren sehen oder im Garten auf der umlaufenden Endlosbank sitzen.

Ganz in der Nähe gibt es noch eine weitere Möglichkeit, sehr lauschig zu einem Kaltgetränk oder auch zu einer wamen Speise zu kommen: Über einen Holzplankenweg gelangt man von der Straße des 17. Juni (Höhe Charlottenburger Tor) unter Bäumen zur Liegestelle der *Capt'n Schillow*. Das Boot ist fast hundert Jahre alt und schipperte einst Zement über die Elbe. Heute dient es als beliebtes Ausflugslokal und verwöhnt mit Havelzander und anderen Fischspezialitäten alle, die nach dem Picknick im Tiergarten noch Lust auf eine opulentere Mahlzeit haben. Auf dem Schiffsdeck wartet ein Platz unter Sonnenschirmen mit Blick auf Wasser und Naturidylle.

Tiergarten | S-/U-Bahnhof Zoologischer Garten

Ganz in der Nähe

Zoologischer Garten Berlin | Hardenbergplatz 8 | 10787 Berlin | Tel. (0 30) 25 40 10 | www.zoo-berlin.de | 15. März–24. Okt. tgl. 9–18.30 Uhr, 25. Okt.–14. März tgl. 9–17 Uhr

Schleusenkrug | Müller-Breslau-Straße | 10623 Berlin | Tel. (0 30) 3 13 99 09 | www.schleusenkrug.de | Tgl. 10–24 Uhr

Restaurantschiff Capt'n Schillow | Straße des 17. Juni 113 | 10787 Berlin | Tel. (0 30) 31 50 50 15 | www.capt.schillow.de | Jan.–Apr. Mi–Fr 16–23, Sa/So 10–23 Uhr, Mai–Sep. Mo–Fr 11–24, Sa/So 10–24, Okt.–Dez. Mi–Fr 12–24, Sa/So 10–24 Uhr

Im Sommer kann man sich gut im Schatten der Bäume ausruhen

52 Treptower Park
Hier winkt die ewige Jugend

Der Treptower Park bietet viele besondere Orte: Eine betriebsame kleine Hafenanlage, eine Sternwarte mit Rekord-Teleskop, einen idyllischen See, eine große Spielwiese und die verträumte Insel der Jugend.

Der weitläufige Park beginnt gleich hinter dem S-Bahn-Ring und misst gut 88 Hektar. Er wurde ab 1876 als Volkspark angelegt. Einige Imbissbuden und eine Fischräucherei direkt am Eingang der Puschkinallee laden zum Verweilen ein. Eine Skulptur im Park erinnert an Gustav Meyer, Schüler Lennés, der einen großen, ovalen Spielplatz zum Herzstück der Anlage machte – an der Stelle befindet sich heute das Sowjetische Ehrenmal.

Das Ehrenmal wird von einem 12 Meter hohen, bronzenen Rotarmisten überragt, der ein gerettetes Kind auf dem Arm trägt, zu seinen Füßen ein zerschlagenes Hakenkreuz. Er thront auf einem Mausoleum, in dem man die Namen von 5 000 im Zweiten Weltkrieg gefallenen sowjetischen Soldaten nachlesen kann, die in der Anlage begraben sind. Die fünf Gräberfelder sind von 16 Steintafeln umgeben und nach Westen endet die Anlage in einem großen Portal, das gesenkte rote Flaggen darstellt. Hier, unter Trauerweiden, legen Staatsmänner Kränze nieder und posieren Schulklassen auf Klassenfahrt.

Südöstlich des Ehrenmals liegt – fast ein wenig versteckt – der idyllische Karpfenteich. Hält man sich am Portal jedoch rechts (nach Norden), so gelangt man über die Puschkinallee – mit der schnellsten Fußgängerampel der Welt – durch den Rosengarten zum Spreeufer. Etwas weiter südöstlich liegt auch das Restaurant *Zenner*, ein klassizistischer Bau von Schinkel-Schüler Langhans, in dem seit 1822 zum Tanz aufgespielt und serviert wird – beides bis heute recht deftig.

Gleich dahinter spannt sich die hohe, elegante Abteibrücke über die Spree, über die man zu Fuß oder per Fahrrad auf die *Insel der Jugend* gelangt. Auf dem kleinen Eiland regiert tatsächlich die Jugend, zumindest ist der Club und Partyveranstalter *Insel* die einzige Institution der Insel. Hier genießt man vom Inselufer aus die Aussicht wahlweise auf die Stadt, die Halbinsel Stralau oder den Plänterwald (→ Seite 116). Einen guten Blick auf das Inseltreiben wiederum hat man bei Kuchen oder Fischgericht vom Sonnendeck des Restaurantschiffs *Klipper*, das am Festland hinter der Brücke liegt. Am gleichen Steg befindet sich auch die Wasserflugzeugstation, von der aus eine feuerrote Cessna 206 zu Rundflügen abhebt.

Wieder auf der anderen Seite der Puschkinallee, die den gesamten Park von Südosten nach Nordwesten teilt, steht die *Archenhold-Sternwarte*. Sie beherbergt das einzige Überbleibsel der Berliner Gewerbeausstellung von 1896: das damals größte Linsenfernrohr der Welt. Die Sternwarte bietet ein interessantes Veranstaltungsprogramm und einen besonderen Romantikfaktor: Hier kann man sich trauen lassen.

Treptower Park | S-Bahnhof Treptower Park

Ebenfalls einen Besuch wert

Archenhold-Sternwarte | Alt-Treptow 1 | 12435 Berlin | Tel. (0 30) 5 36 06 37 19 | Mi–So 14–16.30 Uhr

Segelschiffrestaurant Klipper | Bulgarische Straße | Tel. (0 30) 53 21 64 90 | www. klipper-berlin.de | Tgl. 10–1 Uhr

Oben: Über die Brücke und durch das Türmchen geht es zur „Insel der Jugend“
Unten: Entspannung im Treptower Park direkt an der Spree

53 ufaFabrik
Wo die Utopie Wirklichkeit wurde

Seit fast 30 Jahren funktioniert hier, im durch und durch bürgerlichen Tempelhof, eine Utopie. Bohèmer Flair liegt hier in der Luft, und den lässt man am besten im gemütlichen Café Olé auf sich wirken.

Seit 1979, von Öffentlichkeit und Polizei zunächst unbemerkt, das ehemalige Kopierwerk der Ufa von einer Initiative friedlich „wieder in Betrieb genommen", sprich besetzt, wurde, entwickelte sich hier eine Insel alternativer Lebensform.

Es gelang den Besetzern nicht nur, das Gelände auch legal zu übernehmen, sondern auch, eine ganze Weile wirtschaftlich autonom zu überleben. Heute steht die ufaFabrik unter den Fittichen der Stadtverwaltung, womit ihr kulturelles Engagement anerkannt und unterstützt wird. Auf dem 18,5 Hektar großen Gelände befinden sich zahlreiche Einrichtungen, ein Bio-Laden mit Bäckerei, eine Freie Schule, ein Kinderbauernhof mit angegliedertem Nachbarschaftszentrum, ein hauseigener Zirkus und eine Zirkusschule, eine brasilianische Band und eine Kampfkunstschule, zwei Bühnen und eine Open-Air-Bühne, ein Gästehaus und ein Café mit Terrasse und einiges mehr.

Wenn man sich an einem der blauen Tische des *Café Olé* niedergelassen hat und Kinder um einen herumtoben sieht, Hühner gackern und aus einem der Proberäume Musik schallen hört, ist die lärmende Mitte Berlins weit weg. Es ist fast ein kleiner Ausflug aufs Land. Im Café gibt es morgens Frühstück und später warme Speisen, abends wird

Egal ob drinnen oder draußen – im „Café Olé" sitzt sich's immer gut

es zur Bar für die Besucher und Künstler, die die Veranstaltungen bei einem Glas ausklingen lassen.

Die niedrigen Gebäude sind in leuchtenden Farben gestrichen, etwa 30 Menschen wohnen auf dem Gelände, insgesamt gut 160 Mitarbeiter sind hier beschäftigt. Die Fabrikbewohner verwirklichen ihr Ziel, Wohnen, Arbeit, Kultur, Kreativität und soziales Leben sinnvoll miteinander zu verbinden. Dabei wird aber nicht introvertiert Nabelschau betrieben, sondern mit dem Angebot die Nachbarschaft miteinbezogen. Dies geschieht in Form der vielen Möglichkeiten, künstlerische und sportliche Fähigkeiten auszubilden, sich in allen Lebenslagen beraten zu lassen, ein Pflegedienst und mehrere Kitas sind angeschlossen. Neben den Freizeitprojekten, die sich eher an das direkte Umfeld richten, werden mit Konzert- und Theaterproduktionen von Comedy und Varieté über Tanz, Theater und Weltmusik bis hin zu Kinderprogrammen auch die Bewohner der anderen Stadtteile in die grüne Oase gelockt.

Grün ist der Ort in vielerlei Hinsicht: Die Dächer sind nicht nur mit Gras bepflanzt, auch das Energiekonzept der Anlage ist ein dezentrales. Eine große Solaranlage und eine Windkraftanlage werden betrieben.

Im Süden grenzt das Gebiet an den Teltowkanal, an dessen Ufer baumbestandene Wege entlang führen, die zu romantischen Spaziergängen einladen, die sich kilometerweit ausdehnen lassen, bis er schließlich westlich im Griebnitzsee und auf östlicher Seite in der Spree mündet.

ufaFabrik Berlin | Viktoriastraße 10–18 | 12105 Berlin | Tel. (0 30) 75 50 30 | www.ufafabrik.de | Informationszentrale Mo–Sa 10–19, So 14–19 Uhr | U-Bahnhof Ullsteinstraße

Kaffeepause auf dem ufa-Gelände

Café Olé | in der ufaFabrik | Tel. (0 30) 75 50 31 20 | Tgl. 10–22 Uhr, im Winter ab 11 Uhr

In der ufaFabrik finden auch Konzerte statt

54 Viktoriapark & Bergmannstraße
Höhepunkt Kreuzberg

Es ist ein kleiner Berg, der gleichzeitig ein Park ist. Oder umgekehrt? An den Hängen jedenfalls erstrecken sich die Wiesen und Spazierwege des Viktoriaparks, und der Besucher breitet unterhalb des Wasserfalls seine Decke aus, greift zu Gitarre oder Picknickkorb und entspannt sich.

Mitten durch den Park verläuft ein – etwas hochtrabend Wasserfall genannter – Bach, der unten in ein Bassin läuft. Folgt man dem Wasserlauf zu seinem Ursprung, so gelangt man zum Monument auf der Spitze der Erhebung. Das neogotische Türmchen ist das Nationaldenkmal zu Ehren der Befreiungskriege, das Schinkel im Jahr 1821 hier hin setzte. Da der Gipfel des Kreuzbergs immerhin 66 Meter misst, hat man von der Plattform eine wunderbare Aussicht in alle Richtungen und über die ganze Stadt.

Wen der Anstieg bereits die Kräfte gekostet hat, der findet unweit des Denkmals zum Biergarten *Golgatha,* der am Südwesthang liegt. Hier wird gegrillt und nachts getanzt, ein Spielplatz befindet sich in Sichtweite.

Dem Kreuzberg zu Füßen liegt der westliche Teil Kreuzbergs, nach seinem alten Postzustellbezirk Kreuzberg 61 genannt. Das Stadtviertel entstand in der zweiten Hälfte des 19. Jahrhunderts und besteht aus fünfgeschossigen Wohnhäusern, hier wohnten einst eine besserverdienende Mittelschicht und Regimentsoffiziere. Heute ist es ein Viertel für einigermaßen etablierte Individualisten. Besonders das Hofensemble *Riehmers Hofgarten,* nördlich des Viktoriaparks in Richtung Yorckstraße gelegen, erinnert an die Gründerzeit, als der bürgerliche Mittelstand hier wohnte. Das prachtvolle Gründerzeitensemble, das nach seinem Bauherrn und Architekten Wilhelm Riehmer, benannt ist, verbindet Hagelberger Straße, Großbeerenstraße und Yorckstraße. Der baumbestandene Innenhof liegt still inmitten der Wohngebäude, die mit Reliefs, Türmchen und Säulen geschmückt sind.

Jenseits des Mehringdamms, vom Viktoriapark über die Kreuzbergstraße zu erreichen, liegt die Bergmannstraße, das Zentrum von Kreuzberg 61. Cafés und Restaurants, Trödelläden, Geschäfte für Mode und diverse schöne Gegenstände üben große Anziehung für die Anwohner, aber auch auf Touristen aus. Schöne Plätze findet man in den Seitenstraßen, zum Beispiel am eleganten Chamissoplatz oder in der Solmsstrasse, wo das *Café Molinari* die verkehrsberuhigte Ecke zur Riemannstraße bespielt und einen Tag deutsche, den anderen Tag italienische Küche anbietet. Am Ende der Straße steht die historische Markthalle am Marheinekeplatz, unter ihrem Dach findet sich von Aprikose (bio) bis Zeitung alles, was das Herz begehrt. Seit der Sanierung strahlt sie innen weiß und die lange Fensterfront lädt zur Einkehr mit Ausblick bei den Spezialitätenständen ein.

Viktoriapark | U-Bahnhof Mehringdamm

Einkehren im Bergmannkiez

Golgatha | Biergarten im Viktoriapark | Dudenstraße 40–64 | 10965 Berlin | Tel. (0 30) 7 85 24 53 | Apr.–Sep. tgl. ab 9 Uhr

Molinari & Ko | Riemannstraße 13 | 10961 Berlin | Tel. (0 30) 6 91 39 03 | www.molinari-ko.de | Mo–Fr 8–24, Sa/So 9–24 Uhr

Es geht steil hoch, aber man sieht toll runter: das Denkmal auf dem Kreuzberg

55 Volkspark Friedrichshain
Volksmärchen zum Anfassen

Der Volkspark Friedrichshain ist bis heute ein Naherholungsgebiet für die ganze Familie. Als einzige große Grünfläche des Viertels zieht er Spaziergänger, Jogger und Inlineskater genauso an wie sonnenhungrige Picknicker. Teiche, Wege und Liegewiesen verbinden sich zu einem idyllischen, innerstädtischen Ensemble.

Tatsächlich war es Friedrich II., der Große, der Alte Fritz selbst, der dem Volkspark Friedrichshain seinen Namen lieh. Seine Thronbesteigung jährte sich gerade zum 100. Mal, als die Berliner Stadtverordnetenversammlung im Jahr 1840 beschloss, einen Erholungspark als Pendant zum Tiergarten im östlichen Teil der Stadt, damals sogar am Stadtrand, anzulegen. Der Volkspark wiederum wurde namensstiftend für den Stadtteil, der um ihn herumwuchs und vornehmlich von Arbeitern bewohnt wurde.

Gustav Meyer, ein Schüler Lennés, schuf nach dem Vorbild englischer Landschaftsgärten die hügelige Anlage mit Seen, Spazierwegen und Wäldchen, eröffnet wurde sie 1846. Wiederum 100 Jahre später war der Park zerstört: Zwei hier gebaute Flaktürme hatten für Beschuss gesorgt. Diese zu beseitigen gelang nur, indem man sie mit den Trümmern aus den umliegenden Wohngebieten überhäufte: Der „Mont Klamott" (78 Meter hoch) und der kleinere Trümmerberg (immerhin 67 Meter) entstanden. Um sie herum wurde der Park weitgehend wiederhergestellt.

Der ganze bezaubernde Schmelz des Neobarocks …

Der Volkspark Friedrichshain ist vor allem ein Park der Kinder. Dies stellt schon sein westlicher Eingang, den man vom Platz am Königstor (Friedenstraße/Am Friedrichshain) aus erreicht, unmissverständlich klar: Eine riesige, historistische Brunnenanlage widmet sich mit dem ganzen bezaubernden Schmelz des Neobarocks der Märchenwelt der Gebrüder Grimm. Über den Volkspark Friedrichshain verteilen sich 15 000 Quadratmeter Spiel- und Sportflächen für Kinder und Jugendliche aller Alterstufen, darunter ein abenteuerliches Indianerdorf am nahe gelegenen Hang des großen Bunkerberges. Winnetous Nachfahren hangeln dort über eine Hängebrücke und sind – die Technik hat den wilden Westen längst erobert – auch mit einer Seilbahn ausgestattet.

Erwachsene Begleiter genießen derweil den Ausblick von den Hügeln oder kehren im *Café Schönbrunn* ein, dass mit eleganter Küche aufwartet, aber auch Kaffee und Kuchen im Freien direkt am größten der Teiche serviert. Einen Biergarten hat auch der *Pavillon* im Volkspark, der wiederum nachts mit elektronischen Rhythmen Tänzer und Partyvolk anzieht.

Außerdem gibt es nahe der Landsberger Allee eine Freilichtbühne, wo im Sommer Freiluftkino angeboten wird – ganz komfortabel mit bequemen Bänken mit Rückenlehnen, auch an Tischen und auf Stühlen oder von der Liegewiese aus lässt sich der Film betrachten.

Volkspark Friedrichshain | Tram M4 bis Am Friedrichshain

Im Park

Freiluftkino Friedrichshain | www.freiluftkino-berlin.de

Pavillon | Friedenstraße 101 | Tel. (0 30) 42 08 09 90 | www.pavillon-berlin.de | Mo–Sa ab 11, So ab 10 Uhr

Café Schönbrunn | Am Schwanenteich | 10249 Berlin | Tel. (0 30) 4 53 05 65 25 | www.schoenbrunn.net | Tgl. ab 10 Uhr

... widmet sich im Märchenbrunnen den Geschichten der Gebrüder Grimm

56 Volkspark Klein-Glienicke
Wandeln in Arkadien

Von der Klassik beseelt kehrte der junge Prinz Carl von Preußen, dritter Sohn Friedrich Wilhelms III., aus Italien zurück und schuf sich an der Havel sein eigenes Arkadien. Was bereits den Prinzen beglückte, lädt auch in der Gegenwart zum Spazierengehen, Radfahren und zur Einkehr ein.

Das bewaldete Gebiet, das man Volkspark Klein-Glienicke nennt, liegt östlich von Wannsee nahe der Glienicker Brücke. Unterschiedliche, schmucke Gebäude liegen auf dem Gelände verstreut, die einst zur Zerstreuung der verschiedenen Generationen der königlichen Familie dienten.

1824 begann der Bau des Parks – der Gartenarchitekt Lenné schuf eine planvoll verwilderte Waldlandschaft und einen eleganten Schlosspark, Carl Friedrich Schinkel baute Gebäude im Geiste des Klassizismus. Erste Tat Schinkels war hier der Ausbau eines alten Billardhauses zum Casino und die Gestaltung des Weges zum Jägerhof – am Maschinenhaus, dem Wasserhof und dem Matrosenhaus vorbei. An den anderen Gebäuden im Park war unter anderem auch der Architekt Ludwig Persius beteiligt. Zum Beispiel laden zwei Pavillons ein, die Aussicht auf die Havellandschaft zu genießen: Das Teehaus *Kleine Neugierde* wurde direkt an der Königstraße gebaut, doch hatte man aus den beiden Fenstern heraus nicht genügend Blick. Also wurde die *Große Neugierde* gebaut, ein Rundbau, der ein herrliches Panorama samt *Glienicker Brücke* bietet. Diese hat historische Bedeu-

Leise plätschert der Brunnen im Gartenhof von Schloss Glienicke

tung jüngeren Ursprungs: Hier wurden im Kalten Krieg des Öfteren Agenten ausgetauscht.

Hauptattraktion im Volkspark Klein-Glienicke ist das von Schinkel und Perseus im italienischen Stil ausgebaute Schloss Glienicke. Schinkel entwarf für das Herrenhaus die beiden goldenen Löwen, die über einen Brunnen wachen und denen der *Villa Medici* nachgeahmt sind. Neben der Löwenfontäne baute Ludwig Persius einen Ruheplatz: das *Stibadium*. Im Zentrum der überdachten Rundbank steht eine Granitschale, die vom Bildhauer Christian Daniel Rauch entworfen wurde. Im Schloss warten das Restaurant *Remise*, eine Weinhandlung und Außenterassen auf die Besucher.

Nahe dem Casino befindet sich auch der Klosterhof, ein kubisches Gebäude, in dem Elemente eines venezianischen Karthäuserklosters verbaut wurden, die Prinz Carl aus Italien mitgebracht hatte – zum Beispiel die Doppelsäulen, die den kleinen Kreuzgang umschließen. So ziert die hohe Säule am Eingang auch der Löwe von San Marco.

Vom Park aus hat man Ausblick auf einen Märchenteich, das Blockhaus *Nikolskoe* und die Kirche *St. Peter und Paul* im russischen Stil – beides zu Ehren der mit Zar Nikolaus I. verheirateten Schwester des Prinzen Carl. Vielleicht kommt man auch an der Teufelsbrücke vorbei, die im Sinne der Romantik bewusst marode gebaut wurde zu Füßen des großen Wasserfalls. Auf der anderen Seite der Bundesstraße befindet sich noch das Glienicker Jagdschloss.

Volkspark Klein Glienicke | S-Bahnhof Wannsee

Schloss & Blockhaus

Schloss Glienicke | Königstraße 36 | Tel. (03 31) 9 69 42 00 | www.schloss-glienicke.de | Tgl. ab 11 Uhr

Blockhaus-Restaurant Nikolskoe | Nikolskoer Weg 15 | Tel. (0 30) 8 05 29 14 | www.blockhaus-nikolskoe.de | Tgl. 10.30–20 Uhr

Die Teufelsbrücke stammt aus der Epoche der Romantik

57 Weihnachtsmärkte, ganz besinnlich
Wo im Advent eine Lichterkette brennt

Dinge, die man unter dem Jahr kauft, sind meist nicht handgemacht, nicht aus Wolle von Anden-Tieren, richten sich nicht nach dem Stand des Mondes und duften weder nach Weihrauch noch nach ätherischen Ölen. Und das ist auch gut so. Doch einmal im Jahr braucht man genau dies. Unbedingt.

Die Zielgerade, die auf Weihnachten zuläuft, ist links wie rechts gesäumt von kleinen Planendächern, an denen Lichterketten baumeln. Ein Becher heißen Weins im Bauch, öffnet sich die Seele auch für künstliches Tannengrün, Menschenmassen und Weihnachtslieder aus der Konserve. Dabei gibt es in Berlin auch einige kleinere Märkte, die es zu finden lohnt. Meist sind sie zeitlich begrenzt und etwas ab vom Schuss, dafür wirklich beschaulich und romantisch.

Besonders schön ist es auf dem *Alt-Rixdorfer Weihnachtsmarkt* auf dem Richardplatz in Neukölln. Er findet an den Nachmittagen des zweiten Adventswochenendes statt und ist eine Veranstaltung ganz ohne kommerzielle Händler. Im Licht von Petroleumlampen bieten einzig die lokal ansässigen Bürger und Vereine ihre Waren an. Jeder Kauf ist auch Spende für einen guten Zweck, der an etwa 100 Ständen vertreten wird. Den Glühwein und Punsch gibt es hier bei den Rettungsschwimmern, selbstgestrickte Kindermützchen bei den Großmüttern eines Seniorenclubs. Und warum man mit Secondhand-Schallplatten, von Kindern getöpfertem Nippes und Neukölln-Pro-

Die weihnachtliche Zielgerade ist gesäumt von Planendächern und Lichterketten

paganda-Material nach Hause gekehrt ist – es muss an der verträumten Stimmung gelegen haben und hat sicherlich auch einem karitativen Zweck gedient. Selig erinnert sich Klein und Groß ferner an das Ponyreiten, das Schau-Schmieden in der historischen Dorfschmiede im Böhmischen Dorf und an den Weihnachtsmann. Den gibt es da, ganz bestimmt (↪ Seite 14).

Am Wochenende des zweiten Advents findet auch direkt am Havelufer im beschaulichen Kladow der *Christkindlmarkt auf dem Imchenplatz* statt. Dem Dorfanger mit niedrigen Häusern und kleiner Kirche ist besagter Imchenplatz vorgelagert, und hier werden die weihnachtlichen Waren an etwa 75 Ständen angeboten.

Es muss jedoch nicht unbedingt ein Ausflug in die Peripherie sein, um einen beschaulichen Weihnachtsmarkt zu finden. Auch vor der Kulisse der *Kulturbrauerei* (↪ Seite 66) wird einem nicht nur wegen des Glühweins sofort warm ums Herz, sondern der Besinnlichkeit wegen. Abends treten Artisten und Straßenkünstler auf, am Wochenende gibt es ein Kinderprogramm.

Desgleichen geschieht in der *Sophienstraße* (↪ Seite 110) in Mitte, durch die an den Adventswochenenden ebenfalls der Duft von Maronen und gebrannten Mandeln zieht. Entlang der ganzen Straße und bis in den Sophien-Kirchhof hinein reihen sich die Stände mit geschenktauglichen Gegenständen und Leckereien wie Perlen auf einer Schnur – oder Lichter auf einer Lichterkette.

Alt-Rixdorfer Weihnachtsmarkt | Richardplatz | 12055 Berlin | U-Bahnhof Karl-Marx-Straße

Christkindlmarkt auf dem Imchenplatz | 14089 Berlin-Kladow | Haltestelle oder Fährhafen Alt-Kladow

Lucia Weihnachtsmarkt in der Kulturbrauerei | Schönhauser Allee 36 | 10435 Berlin | U Eberswalder Straße

Umwelt- und Weihnachtsmarkt in der Sophienstraße | 10115 Berlin | S-Bahnhof Hackescher Markt

Der Rixdorfer Weihnachtsmarkt findet alljährlich am 2. Adventswochenende statt

58 Weißer See
Schwimmen, sonnen, See umrunden

Vier hübsche, kleine Seen liegen im Nordosten Berlins nah beieinander. Sie sind jeweils von Grünflächen umgeben und per Rundweg zu umlaufen. Alles, was das Herz seemäßig begehrt, bietet der Weiße See: Es gibt ein Strandbad, einen Bootsverleih und eine Caféterrasse am Wasser. Auch sehenswerte Architektur der 20er und 30er Jahre liegt in Reichweite.

Die Seen in diesem Stadtgebiet entstanden dadurch, dass Gletscher am Ende einer Kälteperiode schmolzen und das Tauwasser Senken füllte. Der bekannteste ist der *Weiße See,* schließlich hat er dem ganzen Stadtteil zum Namen verholfen. Der Park am See war im 19. Jahrhundert ein Gutshausgarten, eine erste Siedlung mit dem Namen „Wittenze" ist bereits im 13. Jahrhundert belegt. Rund um den See, aus dem eine Fontäne sprudelt, gibt es viel Unterhaltung: Am Ostufer liegt das Freibad Weißensee, eine große, sandige Terrasse, die ins Wasser hineinragt. Die Badetradition geht bis ins Jahr 1879 zurück. Neuerdings gehört zum Schwimmspaß gern auch ein Besuch an der Cocktail-Strandbar namens *Übersee-Bar*.

Hinter der Badeanstalt befindet sich ein außergewöhnliches Halbrund einer Uhr: Das Ziffernblatt besteht aus Blumen, die Uhrzeit lässt sich anhand der geöffneten und geschlossenen Blüten ablesen – eine Kunst für sich. Der ganze Ort blickt auf eine lange Tradition des Gärtnerns zurück, jedes Jahr im Sommer wird das Blumenfest gefeiert und eine Blumenkönigin gekürt.

An Sommerabenden wird auch die Freiluftbühne bespielt, die am Nordufer des Sees liegt. In erster Linie sind Kinofilme zu sehen. Im Westen liegt die Gaststätte *Milchhäuschen* mit schöner Terrasse direkt über dem See und Blick übers Wasser aufs etwa 300 Meter entfernte Strandbad. Der Ausschank an dieser Stelle begann tatsächlich mit Milch im Jahre 1913, das jetzige Gebäude stammt aus den 1970er Jahren. Im Süden des Sees schließlich liegen viele kleine weiße Boote an einem Steg, die zu verleihen sind. Eine Runde um den See hat etwa 1,3 Kilometer Fußweg.

Wem Spazierweg und Ruderpartie noch nicht zu viel waren, der kann sich nun in der Nachbarschaft umschauen. Das lohnt sich besonders für Architekturfans: Etwas westlich vom *Weißen See* liegt das in den 1920er Jahren errichtete Holländerviertel am Goldfischteich. Die niedrigen, dreigeschossigen Backsteinhäuser an der Woelckpromenade haben wunderschöne Innenhöfe.

Im Osten an der Buschallee und der Trierer Straße ist unwesentlich jüngere Bebauung vom Großsiedlungs-Spezialisten Bruno Taut von 1928 zu sehen. Sie ist an den durchlaufenden Loggien und über Eck gezogenen Balkonen zu erkennen. Und noch weiter östlich liegt ein Kleinod am *Obersee:* In der Oberseestraße Nr. 60 steht ein flaches, ziegelrotes Haus von Ludwig Mies van der Rohe mit dazu passender Gartenanlage.

Weißer See | Tram-Station Buschallee

Baden & Speisen

Strandbad Weißensee | Berliner Allee 155 | 13088 Berlin | Tel. (0 30) 9 25 32 41 | Im Sommer tgl. 9–24 Uhr

Café Milchhäuschen | Parkstraße 33a | 13086 Berlin | Tel. (0 30) 9 27 11 44 | Tgl. 10–23 Uhr

Im Strandbad Weißensee kann man Sonne, Wasser, Cocktails und sogar Musik genießen

59 Wintergartenensemble
Kaffeepause in einer grünen Oase

In der Mitte des Wintergartenensembles liegt ein Garten mit großen Sonnenschirmen. In einem runden Brunnen plätschert das Wasser und auf dem Rasen stehen Skulpturen zwischen dem satten Grün. Der perfekte Ort für ein Frühstück – zu zweit, allein oder mit vielen.

Die drei ehrwürdigen Häuser der Nachbarschaft beherbergen Schöngeistiges: Hier residieren das Berliner Literaturhaus (samt dem namensstiftenden Wintergarten), das Käthe-Kollwitz-Museum und die Villa Grisebach, unter deren Dach ein Auktionshaus und zwei Galerien die Kunst des 20. Jahrhunderts präsentieren. Dementsprechend darf in den Gesichtern der Gäste an den Nachbartischen geforscht werden, ob sich womöglich ein Promi oder ein Dichtender hinter der Sonnenbrille verbirgt.

In den 1980er Jahren wurden die drei Gründerzeitvillen liebevoll restauriert. Die älteste ist das heutige Käthe-Kollwitz-Museum, ein zweistöckiges Gebäude gleich links des Gartens: Es wurde bereits 1871 gebaut und war somit das erste Wohnhaus der Fasanenstraße, als der nur wenige Meter entfernte Kurfürstendamm noch ein Reitweg war. 1897 wurde noch einmal Hand angelegt und ein Palais im Stil des Neoklassizismus daraus. Mittlerweile war ja schließlich die Nachbarschaft entstanden: Hans Grisebach hatte auf dem benachbarten Grundstück mit der Nummer 25 im Jahr 1892 ein schlossähnliches Gebäude mit gotischen Fenstern und einem schlanken Turm errichten lassen, in dem der Architekt nun wohnte und arbeitete. Und auch die Nummer 23 war in diesem Jahr gebaut worden, ein Backsteinhaus mit schmiedeeisernen Balkonen, dessen Fenster mit Säulen verziert waren. Hier zog der Nordpolreisende Richard Hildebrandt ein und empfing Intellektuelle und Künstler der Jahrhundertwende in seinem Salon.

Alle drei Häuser wurden im Krieg schwer beschädigt – vor dem Abriss rettete sie in den 1980er Jahren eine Bürgerinitiative. 1986 zog dann die Kultur ein, so wurde aus der Nachbarschaft der anregende Ort, der er jetzt ist: In Nummer 25 zog ein Kunsthandel ein, eine Gruppe von Kunsthändlern um den Galeristen Hans Pels-Leusden gründete dort das renommierte Auktionshaus Villa Grisebach. Hier wird Kunst des 19. und 20. Jahrhunderts versteigert. Auch die Nummer 24 bespielte Pels-Leusden, hier wurde das auf seiner Sammlung basierende Käthe-Kollwitz-Museum eingerichtet. In der Nummer 23 eröffnete das Literaturhaus. Passend, dass hier unter anderem im gemütlichen Kaminzimmer die schreibende und lesende Szene Berlins tagt, schließlich hat angeblich Nabokov in den 1920er Jahren hier inkognito eine Lesung abgehalten. Das Café im Garten und im namensstiftenden Wintergarten und der gut sortierte Buchladen im Souterrain machen es zum Rast- und Ruhepol des Wintergartenensembles.

Wintergartenensemble | U-Bahnhof Uhlandstraße

Die drei Häuser des Ensembles

Literaturhaus Berlin | Fasanenstraße 23 | 10719 Berlin | www.literaturhaus-berlin.de | Café Wintergarten: Tgl. 9–24 Uhr

Käthe-Kollwitz-Museum | Tgl. 11–18 Uhr

Villa Grisebach Auktionen | www.villa-grisebach.de

Frühstück unter weißen Sonnenschirmen – in kulturell wertvollem Ambiente

KOHLHAAS

60 Zitadelle Spandau
Die rote Festung auf der Havel

Die Zitadelle Spandau thront über dem Delta der Spree, die hier in die Havel mündet. Ihrer altehrwürdigen Aura tut es dabei auch keinen Abbruch, dass sie zeitgemäß einen eigenen U-Bahnanschluss besitzt und die quirlige Spandauer Innenstadt zwar fußläufig, aber über eine vielbefahrene Straße zu erreichen ist.

Durch das Torhaus gelangt man in die Burg. Eine weitläufige Hofanlage lädt zum Spazieren ein, immerhin misst die gesamte Anlage 300 Meter im Quadrat. Spuren einer slawischen Befestigungsanlage aus dem 11. Jahrhundert sind auf dem Burggelände zu finden, das älteste erhaltene Bauwerk ist der 36 Meter hohe Juliusturm, dessen Basis aus dem 13. Jahrhundert stammt. Nach Erklimmen der 154 Stufen zur Aussichtsplattform liegt einem Spandau zu Füßen. Der Blick fällt auch auf den Kolk, den der Burg am nächsten gelegenen Ortsteil und das älteste Siedlungsgebiet der Stadt, wo auch noch Reste der Stadtmauer aus dem 14. Jahrhundert zu sehen sind.

Die 3,60 Meter dicken Mauern des Turms beschützten über 40 Jahre lang einen Schatz: Der aus französischen Reparationszahlungen stammende *Reichskriegsschatz* wurde hier aufbewahrt. Aber das war erst Ende des 19. Jahrhunderts.

Die Festung wurde im 16. Jahrhundert von den Baumeistern Chiaramella und Lynar im „italienischen Stil" neu gebaut, der Grundriss der Zitadelle ist ein Musterbeispiel der Renaissance, das raffinierte System verhindert tote Winkel und ließ die Festung lange Zeit als uneinnehmbar gelten.

Detaillierten Aufschluss über die Burg- und Stadtgeschichte geben die beiden Museen: Zum einen beherbergt das Kommandantenhaus eine anschauliche Ausstellung über das Leben der Burgbewohner und der historischen Ereignisse, die deren Leben bestimmten. Das Foyer B widmet sich den archäologischen Forschungen auf dem Gebiet der Zitadelle, und im Zeughaus schließlich gibt es eine Ausstellung über die Geschichte der Stadt Spandau. Ganz neu ist die Dauerausstellung *enthüllt – Berlin und seine Denkmäler* mit Exponaten, die das frühere Stadtbild von Berlin prägten.

Und auch den nachtaktiven Bewohnern der alten Gemäuer wird man hier gerecht: Mehrere Fledermausarten nutzen die Keller in den Kasematten als Ruheplatz. Zu besichtigen sind ihre Quartiere durch Führungen. Und nicht nur schwarze Mäntelchen sieht man nachts flattern, auch ein weißes Gewand mag sich darunter mischen: Der Sage nach spukt der Geist einer hier inhaftierten kurfürstlichen Geliebten, der „Weißen Frau", noch immer rachsüchtig durch die Gänge ...

Zeitverschiebung auch im früheren Pulverkeller der Burg, heute *Zitadellen Schänke*. Hier hat das Mittelalter die Oberhand wiedererlangt. Die urigen Gerichte und Zeremonien erfreuen sich derartiger Beliebtheit, dass sich die Lokalität in den unteren Räumen der Burg immer weiter ausgebreitet hat.

Zitadelle Spandau | Am Juliusturm | 13599 Berlin | Tel. (0 30) 35 49 44-0 | Di–Fr 9–17 Uhr, Sa/So 10–17 Uhr | U-Bahnhof Zitadelle Spandau

In der Zitadelle

Fledermauskeller | Mi, Fr, Sa/So 12–16 Uhr | Fledermausführungen nach Anmeldung unter Tel. (0 30) 36 75 00 61

Zitadellen Schänke | Tel. (0 30) 3 34 21 06 | www.zitadellenschaenke.de | Di–Fr ab 16, Sa/So ab 11 Uhr

Oben: Kompakte Bauweise – die Zitadelle galt lange Zeit als uneinnehmbar
Unten: Diese illustre Gesellschaft ist nun in der neuen Dauerausstellung anzutreffen

Impressum

Liebe Leserinnen und Leser,

alle Angaben in diesem Stadtführer sind gewissenhaft geprüft. Trotz gründlicher Recherche können sich manchmal Fehler einschleichen. Wir bitten um Verständnis, dass der Verlag dafür keine Haftung übernehmen kann. Über Hinweise, Berichtigungen und Ergänzungsvorschläge freuen wir uns.

via reise verlag
Lehderstraße 16–19 | 13086 Berlin
post@viareise.de | www.viareise.de

---

1. Auflage Berlin 2015

ISBN 978-3-945983-02-7

Text & Recherche
Julia Brodauf

Redaktion
Natalie Hanß

Layout
Annelie Krupicka

Herstellung & Gestaltung
Annelie Krupicka

Kartografie
Carlos Borrell, Berlin

Druck
BGZ Druckzentrum GmbH, Berlin

FSC www.fsc.org
MIX
Papier aus verantwortungsvollen Quellen
FSC® C109591

Hotels, Tickets und Infos für Berlin erhält man auch bei:
Berlin Tourismus Marketing GmbH (BTM) |
www.visitberlin.de | Tel. (0 30) 25 00 25

Umschlagfoto vorn
Tulpenfeld am Fernsehturm (Shutterstock)

Umschlagfoto hinten
Museumsinsel (Fotolia)

Umschlagklappe vorn
Molecule Man (Fotolia)

Umschlagklappe hinten
Blüten vor Altbau (Fotolia)

Foto Seite 4
Im Bötzowviertel (Fotolia)

Fotonachweis
arena Berlin Torsten Seidel 10, 11; Berliner Bäderbetriebe 15; btm/Koch 35; Ermelerhaus im art'otel berlin mitte 61; Felix Müller 59 o.; Fotolia 16, 17, 38, 59 u., 63, 85 o. und u., 97, 98/99, 105, 129; Hofcafé Mutter Fourage 86, 87; Inst. f. Biologie, Botanik u. Arboretum (HU Berlin) Claudia Brückner 115; Johannes Rigal 126, 127; Julia Brodauf 8, 75 u., 111 u.; Kerstin Klupsch 29, 31, 47 o., 51 u., 70, 92, 93, 106, 107, 125 u., 139; Klaus Scheddel 7 o., 19, 23, 33, 49, 51 o., 53, 54, 66, 67, 71, 73 o., 75, 81 o., 108/109, 111 o., 119 u., 130/131; Oliver Kirpal 55, 113; Pixelio/Daniel Gehrtz 117 o. und u.; Pixabay 95 u.; Restaurantschiff van Loon 7 u.; Shutterstock 21 o. und u., 57 u., 73 u. 82/83, 95 o., 103, 122, 123; SPSG, Foto: Förderverein Pfingstberg 13 u.; Thorsten Wiehle 45 o. und u., 78, 79, 81 u., 133; visitBerlin, Foto: Philip Koschel 34, 65 u.; visitBerlin Foto: Schönberger 119 o.; visitBerlin Foto: Wolfgang Scholvien 104, 134, 135; Wikimedia CC/Andreas F. E. Bernhard 48, 132; Wikimedia CC/Andreas Steinhoff 125 o.; Wikimedia CC/Ansgar Koreng 65 o.; Wikimedia CC/Avda 141 o.; Wikimedia CC/Botulph 37 o.; Wikimedia CC/dalbera 69 u.; Wikimedia CC/Denis Barthel 91 u.; Wikimedia CC/Gabriele Herta Maria 47 u.; Wikimedia CC/gemeinfrei 14, 121, 141 u.; Wikimedia/CC Geri-oc 9; Wikimedia CC/H_Zell 37 u.; Wikimedia CC/ Hajotthu 89 u.; Wikimedia CC/James Steakley 101 o. und u.; Wikimedia CC/Jean-Pierre Dalbéra 69 u.; Wikimedia CC/Jhintzbe 40/41; Wikimedia CC/Jorge Royan 89 o.; Wikimedia CC/Julius 1990 25 o.; Wikimedia CC/Kemmi_1 13 o.; Wikimedia CC/Lienhard Schulz 91 o.; Wikimedia CC/Lotse 27; Wikimedia CC/Peter Kuley 28, 114; Wikimedia CC/Rolf Kahl 62; Wikimedia CC/Sebastian Wallroth 137; Wikimedia CC/Times 43; Wikimedia CC/Ute Franz-Scarciglia2011 25 u.; Yorck Kinogruppe, Daniel Horn 57 o.

Mehr Berlin-Bücher

11,95 €
ISBN 978-3-935029-87-2

14,95 €
ISBN 978-3-935029-96-4

9,95 €
ISBN 978-3-935029-68-1

14,95 €
ISBN 978-3-935029-84-1

Erhältlich im Buchhandel oder im Internet unter

www.viareise.de

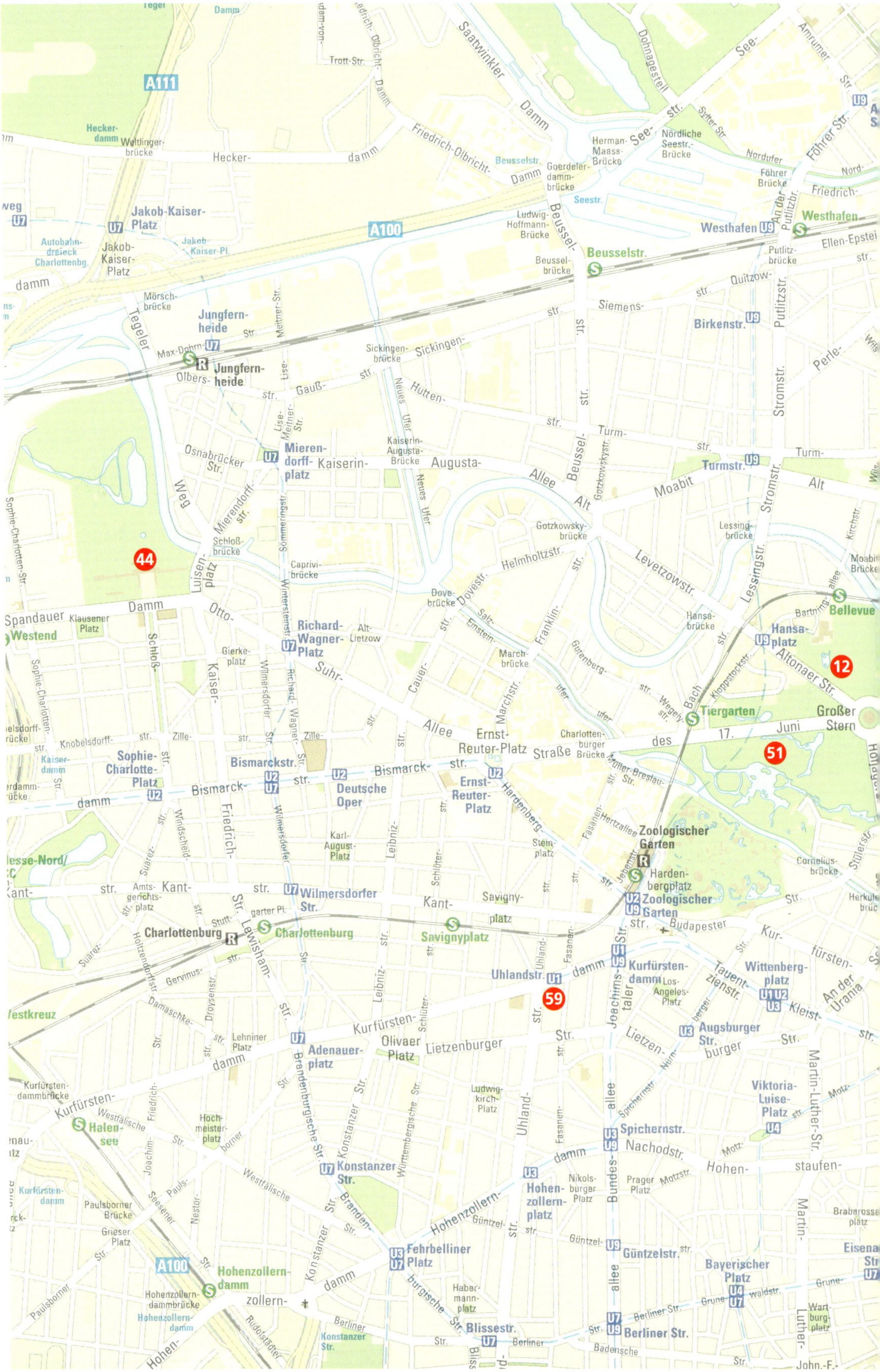

A111
A100
Heckerdamm
Weltlinger-brücke
Hecker-
damm
Saatwinkler
Damm
Friedrich-Olbricht-
Damm
Trott-Str.
Dohnagestell
See-
str.
Amrumer
Str.
Sylter Str.
Nördliche Seestr.-Brücke
Herman-Maass-Brücke
Goerdeler-damm-brücke
Beusselstr.
Seestr.
Nordufer
Föhrer Str.
Föhrer Brücke
Nord-
Friedrich-
Jakob-Kaiser-Platz
Autobahn-dreieck Charlottenbg.
Jakob-Kaiser-Platz
Jakob-Kaiser-Pl.
Ludwig-Hoffmann-Brücke
Beussel-
str.
Beusselstr.
Beussel-brücke
Westhafen
Putlitz-brücke
Ellen-Epstei
Quitzow-
str.
Siemens-
str.
Birkenstr.
Putlitzstr.
Perle-
damm
Mörsch-brücke
Tegeler
Weg
Jungfern-heide
Meistner-Str.
Max-Dohrn-
Str.
Jungfern-heide
Olbers-
str.
Gauß-
str.
Sickingen-brücke
Sickingen-
str.
Neues Ufer
Hutten-
str.
Turm-
str.
Stromstr.
Lise-Meitner-Str.
Osnabrücker Str.
Mieren-dorff-platz
Kaiserin-
Augusta-
Allee
Kaiserin-Augusta-Brücke
Turmstr.
Turm-
Alt
Moabit
Gotzkowskystr.
Mierendorff-str.
Sommeringstr.
Gotzkowsky-brücke
Lessing-brücke
Kirchstr.
Moabi Brücke
Sophie-Charlotten-Str.
Schloß-brücke
44
Caprivi-brücke
Helmholtzstr.
Levetzowstr.
Lessingstr.
Luisen-platz
Spandauer
Damm
Klausener Platz
Westend
Otto-
Dove-brücke
Dovestr.
Salz-
Einstein-
Franklin-
str.
Hansa-brücke
Bartningallee
Bellevue
Hansa-platz
12
Altonaer Str.
Schloß-
str.
Kaiser-
damm
Gierke-platz
Richard-Wagner-Platz
Alt-Lietzow
Suhr-
Allee
Wintersteinstr.
Cauer-
str.
March-brücke
Marchstr.
Gutenberg-
str.
Wegely-str.
Bach
Klopstockstr.
Tiergarten
Großer Stern
Ufer
Wilmersdorfer
Richard-Wagner-Str.
Zille-
Knobelsdorff-
str.
Zille-
Ernst-Reuter-Platz
Charlotten-burger Brücke
Straße
des
17.
Juni
51
Sophie-Charlotte-Platz
Bismarckstr.
Bismarck-
str.
Deutsche Oper
Ernst-Reuter-Platz
Müller-Breslau-Str.
Hardenberg-
str.
damm
Friedrich-
Windscheid-
Wilmersdorfer
Karl-August-Platz
Leibniz-
Schlüter-
Stein-platz
Fasanen-
Hertzallee
Zoologischer Garten
Harden-bergplatz
Jebensstr.
Cornelius-brücke
Stülerstr.
Suarez-
Amts-gerichts-platz
Kant-
str.
Wilmersdorfer Str.
Kant-
Savigny-
platz
Zoologischer Garten
Budapester
Str.
Herkule brüc
Stuttgarter Pl.
Charlottenburg
Lewisham-
Savignyplatz
Uhland-
Kur-
fürsten-
Holtzendorffstr.
Gervinus-
Droysenstr.
Uhlandstr.
Kurfürsten-damm
Los-Angeles-Platz
Tauentzienstr.
Wittenberg-platz
Kleist-
Joachims-taler
An der Urania
Westkreuz
Damaschke-
Lehniner Platz
Adenauer-platz
Kurfürsten-
damm
Olivaer Platz
Lietzenburger
Str.
59
Lietzen-
Nürnberger
Augsburger Str.
burger
Martin-Luther-Str.
Kurfürsten-dammbrücke
Kurfürsten-
Westfälische
Brandenburgische Str.
Konstanzer Str.
Württembergische Str.
Ludwig-kirch-Platz
Uhland-
Fasanen-
allee
Spichernstr.
Viktoria-Luise-Platz
Motz-
Halensee
Hoch-meister-platz
Joachim-Friedrich-
Seesener
Paulsborner Brücke
Grieser Platz
Pauls-
Nestor-
Westfälische
Konstanzer Str.
Branden-
Spichernstr.
Nachodstr.
Hohen-
staufen-
Hohen-zollern-platz
Nikols-burger Platz
Prager Platz
Motzstr.
Bundes-
allee
Martin-
Luther-
Brabanter platz
Hohenzollern-
Güntzel-
Güntzelstr.
Bayerischer Platz
Eisena Str.
Fehrbelliner Platz
Hohenzollern-damm
Hohenzollern-dammbrücke
Hohenzollern-damm
Konstanzer
zollern-
damm
Haber-mann-platz
Blissestr.
Berliner
Berliner Str.
Berliner Str.
Grune-
waldstr.
Wart-burg-platz
Rudolstädter
Konstanzer Str.
Badensche
John.-F.-
Paulsborner
Hohen-
U7
U9
U2
U1
U3
U4